Pequena escola de oração

Dados Internacionais de Catalogação na Publicação (CIP)
(Câmara Brasileira do Livro, SP, Brasil)

Grün, Anselm
  Pequena escola de oração : Sobre a vida e as práticas espirituais / Anselm Grün ; tradução de Markus A. Hediger. – Petrópolis, RJ : Vozes, 2019.

  Título original: Kleine Gebetsschule : vom spirituellen Leben
  Bibliografia.
  ISBN 978-85-326-5987-3

  1. Cristianismo 2. Oração I. Título.

18-21186   CDD-248.32

Índices para catálogo sistemático:
1. Oração : Prática religiosa : Cristianismo   248.32

Cibele Maria Dias – Bibliotecária – CRB-8/9427

Anselm Grün

Pequena escola de oração

Sobre a vida e as práticas espirituais

Tradução de Markus A. Hediger

Petrópolis

© 2017, Verlag Herder GmbH, Freiburg im Breisgau

Título do original em alemão: *Kleine Gebetsschule – Vom spirituellen Leben*

Direitos de publicação em língua portuguesa – Brasil:
2019, Editora Vozes Ltda.
Rua Frei Luís, 100
25689-900 Petrópolis, RJ
www.vozes.com.br
Brasil

Todos os direitos reservados. Nenhuma parte desta obra poderá ser reproduzida ou transmitida por qualquer forma e/ou quaisquer meios (eletrônico ou mecânico, incluindo fotocópia e gravação) ou arquivada em qualquer sistema ou banco de dados sem permissão escrita da editora.

CONSELHO EDITORIAL

Diretor
Gilberto Gonçalves Garcia

Editores
Aline dos Santos Carneiro
Edrian Josué Pasini
Marilac Loraine Oleniki
Welder Lancieri Marchini

Conselheiros
Francisco Morás
Ludovico Garmus
Teobaldo Heidemann
Volney J. Berkenbrock

Secretário executivo
João Batista Kreuch

Editoração: Maria da Conceição B. de Sousa
Diagramação: Sheilandre Desenv. Gráfico
Revisão gráfica: Nilton Braz da Rocha / Nivaldo S. Menezes
Capa: Ygor Moretti
Ilustração de capa: © deineka | Shutterstock

ISBN 978-85-326-5987-3 (Brasil)
ISBN 978-3-451-00667-8 (Alemanha)

Editado conforme o novo acordo ortográfico.

Este livro foi composto e impresso pela Editora Vozes Ltda.

Sumário

Introdução, 7

1 Na escola de oração de Jesus, 13

2 A escola de oração nos Salmos, 29

3 Modos de rezar, 35

4 Posturas e gestos da oração, 59

5 A oração como encontro, 83

6 Orações formuladas pela tradição, 91

7 A oração comunitária – A experiência dos
primeiros cristãos, 107

Conclusão, 121

Referências, 125

Introdução

Os evangelistas descrevem como os discípulos observavam Jesus em oração. Eles queriam saber como Ele rezava e por que passava noites inteiras orando. Um deles lhe pediu: "Senhor, ensina-nos a rezar como João ensinou a seus discípulos" (Lc 11,1). Desejavam, portanto, rezar como Jesus. Tinham a sensação de que não conseguiriam fazer isso sem sua ajuda; precisavam de orientação, e eles não estão sozinhos nisso. O desejo de aprender a rezar se estende pelos séculos. As pessoas constantemente perguntam: "Como posso aprender a rezar?" Todos sabemos intuitivamente que a oração faz bem, mas, ao mesmo tempo, sentimos nossa incapacidade para rezar.

Em tempos passados, rezar era algo absolutamente natural. Era uma maneira de encontrar o refúgio interior e experimentar proteção psíquica em meio a um mundo que, muitas vezes, se apresentava hostil; por exemplo, quando a situação de fome se alastrava ou ocorriam catástrofes naturais. Nessas situações, a oração servia como âncora à qual as pessoas podiam se agarrar no mar tempestuoso de sua vida. Em nossa cultura, determinada pela ideia da viabilidade, o ser humano busca possibilidades tecnológicas de se proteger contra as catástrofes naturais ou tenta resolver de modo preventivo o problema da fome, por exemplo, com novos métodos de cultivo.

Aqueles que rezam precisam justificar suas preces, e percebo em muitas das pessoas que perderam o costume da oração um grande desejo de resgatar essa prática.

Por outro lado, pessoas religiosas, que gostam de rezar, vivenciam muitas vezes períodos nos quais têm dificuldade para isso, com a impressão de "estarem falando com uma parede", sofrendo quando não experimentam uma ressonância imediata. Ou ainda duvidam do sentido ou da realidade de sua oração: "Será que ela não passa de uma ilusão?" "Será que ela é apenas um monólogo, uma conversa comigo mesmo?" Também pessoas muito piedosas – como, por exemplo, Santa Teresa – falam de uma noite escura que tiveram de atravessar, e relatam que, nessa escuridão, a prática da oração lhes pareceu puro escárnio. Mas a despeito de seu desespero, elas se agarraram à oração. Tinham a esperança de que essa prática não seria em vão; que justamente com a ajuda da oração conseguiriam atravessar a noite escura e voltar a enxergar a luz no fim do túnel.

Algumas pessoas piedosas, como Marta (cf. Lc 10, 38-42), e que se dedicam a outras pessoas ficam entediadas com a oração. Seus atos eram uma continuação da oração e às vezes chegavam a substituí-la. Hoje, porém, o trabalho é diferente para a maioria das pessoas; a tecnologia as domina sempre mais, e o mundo do trabalho se orienta pela eficácia, sendo que cada minuto é organizado. Muitos vivenciam o trabalho como um fardo que os faz gemer. Aquele que experimenta o trabalho primeiramente como "alienação" (Karl Marx) dificilmente poderá ou desejará dizer que isso é uma oração. Para ele, é quase impossível realizar o *ora et labora* (reze e trabalhe) beneditino, no qual a entrega contemplativa e o agir ativo representam os dois lados de uma postura fundamental.

Antigamente, as pessoas diziam: "A necessidade ensina a rezar". Numa sociedade rica e saturada, na qual as necessidades básicas são satisfeitas, esse dito perdeu sua força. Quando temos alguma necessidade, gritamos pela assistência do Estado. Mas quando as pessoas se veem numa crise existencial porque foram acometidas por uma doença incurável ou porque perderam um ente querido, essa experiência pode, ainda hoje, levar algumas delas à oração. No entanto, também existem aquelas que, ao experimentarem uma crise desse tipo, afastam-se ainda mais de Deus. Aquele no qual poderiam buscar refúgio por meio da oração se mostrou ineficaz. Se Ele não impediu essa doença, essa morte, que sentido faz rezar? Deus é visto no mesmo nível de intervenções sociais ou programas de assistência governamental, e a reação é: Evidentemente, o "programa de assistência divina" é ineficaz. Então viramos as costas para Deus.

Por isso, a questão da oração está vinculada à imagem de Deus. Se eu enxergá-lo principalmente como aquele que me ajuda em situações de necessidade, ele facilmente pode ser substituído pelas muitas possibilidades que hoje nos são oferecidas pela ciência e tecnologia na solução de problemas. Rezar significa, porém, permitir o confronto com o mistério de Deus, transcender a realidade visível para se abrir Àquele que não se subordina ao nosso mundo, mas que o transcende.

Uma outra observação: os hóspedes de nosso mosteiro veem como nós, os monges, rezamos juntos cinco vezes por dia. E, muitas vezes, eles nos perguntam: "Como funciona a prática da oração?" Querem que nós lhes expliquemos o que significa rezar, ou mesmo lhes ajudemos. Sentem dentro de si o desejo de rezar; ao mesmo tempo, porém, hesitam. Na Bíblia é possível perceber que Jesus permitiu que seus discípulos compartilhassem dessa sua experiência. E quando me perguntam, sobre o tema, só posso dizer o que eu mesmo experimento, compartilhando o que me ajuda a rezar.

Nessa pequena escola de oração pretendo partir primeiramente da instrução que Jesus deu aos seus discípulos. Ele não o fez de modo abstrato, mas lhes mostrou na prática *como* poderiam rezar. O Evangelista Lucas, mais do que qualquer outro, nos descreveu Jesus como um rezador. A mensagem do evangelista é: se rezarmos como Jesus e com Jesus nos identificaremos sempre mais com o mistério de sua vida, tornando-nos semelhantes a Ele, sendo preenchidos com o seu Espírito.

Jesus conhecia e praticava a tradição judaica de rezar os Salmos. Os evangelistas nos mostram isso principalmente em sua Paixão. Por isso, também quero lhes apresentar a escola de oração nos Salmos, que são muito utilizados por nós monges nas horas canônicas. Sendo parte essencial de nossa oração, se não os entendermos, também não conseguiremos entender a nossa prática de oração.

Além disso, pretendo descrever também alguns modos de rezar; como, por exemplo, dar graças, interceder e louvar, comentando os gestos e as posturas utilizados por nós. Os gestos expressam aspectos importantes da oração, pois ela não é apenas uma fala verbalizada, mas, em sentido mais profundo, um diálogo. Trata-se de um encontro com Deus. Os gestos nos abrem como seres humanos íntegros, com corpo e alma, para Deus, para que seu Espírito nos penetre. Esse encontro com Deus é sempre, também, um encontro conosco mesmos. Por isso, a oração sempre é, também, autoconhecimento e encontro consigo mesmo. Ela nos permite apresentar a Deus tudo o que está em nosso interior, tendo confiança de que Ele transforma tudo em nós.

Jesus não rezou apenas com palavras; muitas vezes, sua oração foi simplesmente um calar-se na presença do Pai. Mas Jesus também ensinou aos discípulos como eles deviam orar. Por isso, acrescentarei no final algumas orações que rezamos com frequência. Algumas pessoas não gostam de orações pré-formuladas. Acreditam que favorecem a exterioridade e que, na maioria das vezes, são recitadas mecanicamente. Mas textos tradicionais também podem se tornar parte de nossa oração. Por isso, quero descrever como podemos usá-los.

1
Na escola de oração de Jesus

Jesus responde ao pedido dos discípulos sobre a maneira de rezar: "Quando rezardes, dizei: Pai, santificado seja o teu nome, venha o teu Reino. Dá-nos cada dia o pão necessário; perdoa-nos os nossos pecados, pois também nós perdoamos a todos os que nos ofenderam, e não nos deixes cair em tentação" (Lc 11,2-4). Jesus nos mostra primeiramente *o que* devemos rezar, qual deve ser o *conteúdo* de nossa oração. Lucas apresenta uma versão muito mais sucinta do Pai-nosso do que Mateus. Essas poucas palavras expressam, porém, a essência da oração.

A primeira palavra "Pai" mostra que uma oração sempre se dirige a alguém. Isso se expressa também na palavra grega: *proseuchesthai*. Rezamos *para*. A oração não é, portanto, uma conversa comigo mesmo. Quando rezo, eu me dirijo a Deus, e aqui Ele é chamado de "Pai". A palavra aramaica *abba* designa o pai carinhoso e amoroso. É uma forma íntima de se dirigir a Deus. "Pai" não significa que Deus seja um Deus masculino; é, ao mesmo tempo, pai e mãe. Ele é um "tu" que deseja o nosso bem, que nos oferece segurança e apoio. E a primeira petição é de que devemos olhar para Deus, e não girar em torno de nós mesmos.

A segunda petição: "Santificado seja o teu nome" mostra outro aspecto. "Santificar" significa, para os gregos, impedir que o mundo se apodere daquilo. Na oração, Deus não deve ser usado para que eu me sinta melhor, para que meus desejos sejam realizados, para que eu seja bem-sucedido. A oração gira em torno de Deus. Ele é indisponível, não pode ser instrumentalizado. Apenas quando Ele ocupa o centro é que posso encontrar o meu próprio centro. Em outras palavras, olhar para Deus faz de mim um ser humano. O pedido de que seu nome seja santificado significa para mim: Que Deus se torne visível como Deus. Que Ele se revele como Deus, como Deus santo, que se esquiva de todos os padrões humanos, que não pode ser instrumentalizado. Devo desenvolver uma sensibilidade para o Deus indisponível, inexprimível, que se esquiva de todos os argumentos, que permanece um mistério indizível.

Trata-se, porém, de um Deus que age no mundo. "Venha o teu reino" significa: o domínio de Deus deve se manifestar no mundo, e não ser dominado pelos poderosos, permanecer na mão dos pecadores e criminosos, dos assassinos e terroristas. Por meio de Deus, o mundo deve se transformar, tornar-se mais íntegro. Quando Ele reina no mundo, neste dominam a justiça e a misericórdia; as pessoas prosperam, vivem em paz umas com as outras. A petição não é, porém, apenas um pedido político, o desejo de que Deus domine, e não os tiranos. É, também, um pedido místico, pois no Evangelho de Lucas Jesus diz: "O Reino de Deus está no meio de vós" (Lc 17,21). Ele é interior; existe dentro de nossa alma: no espaço do silêncio que cada ser humano possui dentro de si. Muitas vezes esse espaço se encontra obstruído pelo barulho dos nossos pensamentos ou do mundo. A oração pretende nos levar até esse espaço do silêncio, onde Deus vive em nós, onde Ele reina. Nesse lugar nós estamos livres; as pessoas não têm poder sobre nós. Lá encontramos nossa verdadeira essência, entramos em contato com a imagem autêntica e original na qual Deus nos criou.

A petição seguinte se refere à situação concreta de cada um: "Dá-nos cada dia o pão necessário". Nós somos necessitados. Por isso pedimos a Deus aquilo que precisamos diariamente para viver. Na época de Jesus, o pedido pelo pão de cada dia era uma petição existencial, pois existiam muitas pessoas pobres entre os primeiros cristãos. O pedido pelo pão de cada dia não significa que os pobres devam cruzar os braços e não fazerem nada para ganharem o seu sustento. Significa o pedido de que Deus abençoe sua atividade diária para que possam ganhar aquilo que precisam para viver.

O próximo pedido se refere ao perdão dos pecados. "Perdoa-nos os nossos pecados, pois também nós perdoamos a todos os que nos ofenderam." O perdão dos nossos pecados nos liberta das nossas constantes autoacusações dos sentimentos de culpa. Isso também nos capacita a perdoar, sendo que o perdão é a condição para que possamos conviver uns com os outros. A oração – segundo a compreensão de Lucas – pretende nos levar à libertação de nossas constantes avaliações e dúvidas se aquilo que fizemos foi bom o suficiente. Ao mesmo tempo, porém, a oração também deseja nos capacitar para a comunhão. Uma oração não é apenas algo exclusivamente privado; ela pretende nos capacitar a conviver bem uns com os outros.

A última petição – "Não nos deixes cair em tentação" – é para que Deus nos proteja de cair em uma tentação à qual não conseguimos lidar. A palavra grega *peirasmos* também significa confusão. Ou seja, que Deus nos proteja da confusão de não saber o que vale e o que não vale, que Ele nos dê uma visão mais clara para sabermos como devemos viver. Principalmente hoje, num tempo em que a vida nos oferece tantas possibilidades, esse pedido é uma ajuda para não perdermos a orientação. A oração nos ajuda a reconhecer qual é o sentido de nossa vida.

As palavras que Jesus ensina aos seus discípulos nos mostram como Ele entende a oração. Também há duas pequenas parábolas nas quais Ele nos mostra a postura que devemos assumir quando rezamos. É preciso falar com Deus como que um amigo ao qual podemos contar tudo (Lc 11,5-8). Ele não é um Deus distante e incompreensível, mas um Deus da proximidade, ao qual podemos nos dirigir como um amigo que não se importa quando o requisitamos. Também devemos falar a Deus como a um pai, que não dá uma serpente ao seu filho quando este lhe pede um peixe (Lc 11,12). Deus é, portanto, como um pai, como uma mãe, que cuida de seus filhos e lhes dá aquilo de que necessitam. Mas Deus não nos dá simplesmente tudo o que pedimos a Ele, pois muitas vezes lhe pedimos coisas que não são importantes, que não nos fariam bem, e muitas vezes nossos desejos também são infantis.

O Pai do céu dará "o Espírito Santo aos que pedirem" (Lc 11,13). O que realmente precisamos para ter uma vida bem-sucedida é o Espírito Santo, que nos fortalece. Ele é a fonte da qual podemos beber sem que jamais se esgote. Ele nos transforma sempre mais, para que nos tornamos dia a dia mais semelhantes a Jesus.

Rezar em situações de necessidade

Jesus instrui seus discípulos à oração por meio da Parábola do Juiz Ímpio e da Viúva, como também por meio da narrativa do fariseu e do coletor de impostos. A Parábola da Viúva tem em vista a situação de uma ameaça existencial. Quando nos vemos ameaçados, assim diz Jesus, não devemos desistir, mas insistir, como fez a viúva, na justiça, para que a nossa vida volte à normalidade.

Nessa parábola Lucas nos fala de uma viúva que era ameaçada por um inimigo e, em seu desespero, recorreu ao juiz para que ele defendesse seus direitos. Mas este, o único que podia lhe ajudar, inicialmente não se importou com ela. Mas adotou outra postura devido à grande insistência dela. Essa personagem pode ser compreendida como um tipo, como imagem de nós mesmos: Muitas vezes, nós também nos vemos ameaçados por inimigos. Nós nos sentimos impotentes, por exemplo, quando sofremos *bullying* dos colegas ou quando outras pessoas falam mal de nós. Nesses casos podemos nos lamentar ou, como sugere Lucas, nos refugiar na oração. A mulher que perdeu seu marido pode significar uma pessoa com os nervos à flor da pele, exposta às emoções de seu ambiente; toda a negatividade de seu mundo a invade. Mas essas pessoas machucadas ou perseguidas podem se refugiar na oração. Na proximidade de Deus elas vivenciam que também têm direito à vida, e na oração elas podem descobrir o lugar onde Deus reside nelas. Naquele lugar, ninguém pode feri-las; lá elas voltam a viver.

Também é possível interpretar essa parábola de outra forma. Na mitologia, a mulher costuma representar a alma, o espaço interior do ser humano, seu senso de dignidade divina. Os inimigos representam os padrões de vida que nos impedem de viver, nossas fraquezas que nos causam tantos problemas, como também as feridas que a vida nos ocasionou. O juiz, que não se importa nem com Deus nem com os seres humanos, simboliza o superego, a instância interior que tenta nos minimizar, que não se interessa pelo nosso bem-estar, mas apenas por normas e princípios. Para ele, a alma deveria se calar e se contentar com aquilo que existe. Mas a oração toma o partido da alma, confirmando nossa dignidade inviolável, nossa singularidade e fazendo calar as vozes barulhentas do superego e dos padrões hostis à vida.

A mulher aparentemente impotente luta por si mesma, insistindo com aquele juiz: "Faze-me justiça contra o meu adversário!" (Lc 18,3). O juiz conversa consigo mesmo, fazendo uso de um recurso literário típico da comédia grega: "Embora eu não tema a Deus e não respeite ninguém, vou lhe fazer justiça, porque ela está me aborrecendo. Talvez assim pare de me incomodar" (Lc 18,4-5). O texto grego diz literalmente: "Senão ela me dá um soco no olho" (HEININGER, 1991: 202). O leitor ficará surpreso como aquele poderoso juiz teve medo de uma viúva fraca, que ameaçou deixar seu olho roxo. Mas é justamente com esse monólogo que Lucas incentiva o leitor a confiar no recurso aparentemente fraco da oração, que tem mais poder do que todos os poderosos do mundo. Nela, o ser humano conquista seu direito: à vida, à ajuda, à dignidade. Na oração podemos vivenciar que as pessoas não têm poder sobre nós; assim como o assassino não pode triunfar sobre Jesus, que rezava na cruz, também aqueles que nos ameaçam não têm poder sobre nós. Se interpretarmos a viúva como imagem da alma, isso significa: na oração vivenciamos que a alma possui mais direitos do que as vozes do superego, que pretendem nos apequenar. Na oração a alma floresce e lhe dá asas; nela entramos em contato com nosso *self* verdadeiro, com a imagem original de Deus em nós, com o brilho que Ele nos deu. E o mundo não pode ofuscar nem destruir a imagem de Deus em nossa alma.

Ameaça à oração

Após a Parábola da Mulher e do Juiz, Lucas dá um exemplo de como um homem deve rezar – isso é típico desse evangelista. Ele acredita que só consegue se relacionar com Deus Pai e Mãe sob a perspectiva do homem e da mulher. No caso da mulher, ele ressalta a luta e a não desistência; no caso do homem, a humildade. Isso porque ele conhece as ameaças à espiritualidade do homem e da mulher; esta tende a desistir com facilidade; aquele corre o perigo de abusar da oração para se elevar acima dos outros. Por isso, o homem precisa aprender com o cobrador de impostos a não se tornar vítima dos fariseus, que fazem uso da oração para se sentirem melhores do que os outros, daqueles que não sabem o que é espiritualidade.

Lucas conta a história de dois rezadores diferentes. Um deles, fariseu (que representa a pessoa religiosa), vai para o templo e reza. O outro era um cobrador de impostos (na época eles eram tidos como pecadores porque cooperavam com os romanos). Naquela época, o simples manuseio de dinheiro era visto como pecado. Lucas descreve de forma impressionante os dois modos de rezar, o do *religioso* e o do *pecador*. Ele desmascara a oração do religioso e justifica a maneira de rezar do cobrador de impostos, pois a oração do fariseu é uma autocontemplação narcisista; ele apenas gira ao redor de si mesmo. Nessa parábola, Lucas nos apresenta os dois modos da oração, que se distinguem até mesmo exteriormente. A oração do fariseu é longa, já a oração do cobrador de impostos se destaca pela brevidade. Porém, o tempo de preparo do fariseu para a oração é curto; ele simplesmente começa a rezar. O coletor de impostos, por sua vez, permanece à sombra; ele não ousa elevar o seu olhar e golpeia seu peito com os punhos; sua oração é feita principalmente com gestos corporais. Já o fariseu reza com os lábios, falando somente de si mesmo; ele faz uso de Deus para se apresentar em uma posição favorável; ou seja. ele não se importa com Deus, mas apenas com sua própria justiça. O texto grego diz literalmente: "Ele rezava para si mesmo." O fariseu chega a usar estas palavras: "Ó meu Deus, eu te agradeço por não ser como os outros homens" (Lc 18,11). No fundo, ele usa Deus para que Ele ouça o seu longo monólogo. Nesse caso, não é o rezador que deseja servir a Deus, mas é Deus que deveria servir a ele; à sua autoconfirmação, à sua autobajulação. Ele não está olhando para Deus, mas apenas para si mesmo. Muitas pessoas religiosas acreditam que estão rezando para Deus, mas permanecem consigo mesmas. Elas adoram a si mesmas; abusam da oração para apresentarem sua própria grandeza diante de Deus e das outras pessoas.

O coletor de impostos, por sua vez, sabe da distância entre ele e Deus; por isso nem ousa elevar seus olhos para Ele, sentindo que precisa apresentar a Deus a sua verdade. E na presença de Deus ele reconhece quem é de verdade, que errou em relação a si mesmo e ao Todo-poderoso. Por isso, bate em seu peito para expressar que está disposto a mudar de vida, e reza: "Ó meu Deus, tem piedade de mim, pecador!" (Lc 18,13). Ele reconhece que não conseguirá reparar toda a injustiça que cometeu na vida; por isso, se confia à graça e à misericórdia de Deus. Ele acredita na graça de Deus, que o aceita incondicionalmente, apesar de ele mesmo se perceber indigno.

Por fim, Jesus comenta sobre os dois modos de rezar. O cobrador de impostos volta para casa como um homem justo; ele reconheceu sua própria verdade na presença de Deus, mostrando-se arrependido. O fariseu, porém, usou Deus apenas para se autopromover.

Apenas a oração na qual nos expomos a Deus sem reservas pode nos alinhar com Ele e nos tornar justos. E assim, Jesus nos mostra a regra da oração cristã: "Todo aquele que se eleva será humilhado, e quem se humilha será elevado" (Lc 18,14). Aquele que abusar da oração para se elevar acima dos outros será obrigado a confrontar as suas sombras, a descer para as profundezas de seu coração, onde reconhecerá todo o lixo de sua alma. Mas aquele que tiver a coragem de, na presença de Deus, descer à sua humanidade, confrontando-se consigo mesmo, será elevado e justificado por Deus.

Lucas nos relata muitas situações nas quais Jesus rezou. Quero utilizá-las como imagens daquilo que pode nos acontecer quando rezamos. Jesus instrui seus discípulos não só por meio de palavras, mas também por seus exemplos. Ele mesmo é o grande rezador, e os discípulos devem aprender com Ele. As imagens utilizadas por Lucas para descrever as orações de Jesus não mostram apenas como devemos orar, mas também o que a nossa oração pode ocasionar quando oramos com a mesma intensidade de Jesus.

Ele reza por ocasião de seu batismo: "Quando Jesus, depois de batizado, estava orando, o céu se abriu e o Espírito Santo desceu sobre Ele em forma corpórea, como uma pomba. E do céu ouviu-se uma voz: 'Tu és o meu Filho amado, de ti eu me agrado'" (Lc 3,21s.). Esta é uma bela imagem do efeito da oração: quando rezamos, o céu se abre sobre nós, o Espírito Santo inunda nossa vida e nos fortalece. Na oração experimentamos que somos filhos e filhas incondicionalmente amados por Deus.

Quando Jesus curou um leproso e as pessoas se aproximavam dele de todos os lados, Ele se retirou "para lugares desertos e se entregou à oração" (Lc 5,16). A oração é um espaço protegido para o qual podemos nos retirar; onde estamos protegidos do barulho do mundo e das expectativas das pessoas. Como Jesus, devemos nos dar ao luxo da oração como um lugar deserto no qual podemos estar a sós com Deus. A oração nos liberta da pressão de sempre termos de fazer algo pelos outros; nela encontramos o tempo para, no encontro com Deus, entrarmos em contato conosco mesmos. Sem a oração corremos o risco de nos esgotar.

Antes de escolher os doze apóstolos entre os seus discípulos, "Jesus retirou-se para a montanha a fim de rezar, e passou a noite toda em oração a Deus" (Lc 6,12). A oração nos capacita a tomar boas decisões; ao invés de "quebrarmos a cabeça" diante de situações problemáticas e de decisões importantes, pensando em tudo que precisamos levar em conta e no que poderia dar errado, a oração pode nos ajudar a encontrar paz e uma visão mais clara. Nela podemos visualizar as decisões num contexto maior; nós apresentamos nossas dificuldades a Deus e confiamos no sentimento que surge dentro de nós durante a oração: a sensação de paz e de harmonia.

Antes da profissão de fé feita por Pedro Jesus reza a sós (Lc 9,18), somente depois é que faz a pergunta decisiva aos discípulos sobre quem eles acreditam que Ele seja. Na oração conseguimos identificar as perguntas decisivas; e foi por ela que Jesus preparou seus discípulos para o mistério de sua paixão e do caminho da cruz. Após orar é que Ele lhes disse o que significa segui-lo: Aquele que quiser ser meu discípulo precisa negar a si mesmo e tomar sobre si a sua cruz todos os dias.

Apenas Lucas fala da oração de Jesus durante sua transfiguração. "Jesus retirou-se para a montanha a fim de rezar, e passou toda a noite em oração a Deus" (Lc 9,29). Na oração entramos em contato com o nosso ser verdadeiro; nela toda a superficialidade é retirada, as máscaras nas quais nos escondemos são quebradas. Transfiguração significa deixar transparecer a essência, a beleza original. Assim, o brilho de Deus que existe dentro de nós passa a brilhar em nosso rosto, e reconhecemos que somos a glória de Deus. Mas essa experiência na oração não pode ser fixada; ela se esquiva de nós o tempo todo. Uma nuvem volta a ofuscar nossa visão e precisamos voltar para o vale nebuloso do nosso dia a dia com a mera lembrança dessa experiência de luz.

Lucas narra o auge da oração de Jesus por ocasião da Paixão. Rezando no Monte das Oliveiras, Ele reluta em relação à vontade do Pai. Então lhe aparece um anjo, que o fortalece. Portanto, a oração nem sempre é uma experiência de paz; ela também pode ser uma luta dolorosa em relação à vontade do Pai, mas Ele envia um anjo para dar novas forças.

O Pai não livra Jesus do medo da morte, mas é justamente em seu medo que Ele reza com uma intensidade ainda maior (Lc 22,44). Esse episódio do Monte das Oliveiras demonstra o que muitos de nós experimentamos: escuridão na oração, com a impressão de que nossas palavras se perdem no vazio. E já que não conseguimos chegar até Deus, adormecemos como os discípulos. Nossa oração fica adormecida e Jesus precisa nos despertar: "Levantai-vos e orai para não cairdes em tentação" (Lc 22,46).

Quantas vezes nos encontramos na mesma situação de Jesus: solidão, medo, sentimento de abandono, dor e sofrimento. Para nós, a oração é o caminho de resistir à tentação, como fez Jesus, e de nos agarrar a Deus, até mesmo diante de grande ameaça.

Evidentemente, a oração no Monte das Oliveiras dá a Jesus a força para suportar o caminho da Paixão. Ela lhe dá a confiança de não cair das boas mãos de Deus, nem mesmo diante da morte. A oração de Jesus culmina em sua oração na cruz; preso a ela, Jesus reza não só por si mesmo, mas por seus assassinos: "Pai, perdoa-lhes porque não sabem o que fazem" (Lc 23,34). Quando rezamos pelas pessoas que nos machucaram não precisamos forçosamente nos obrigar a perdoá-las, pois muitos de nós têm dificuldade de perdoar espontaneamente. Mas quando rezamos por essas pessoas, surge dentro de nós, quase que automaticamente, uma postura de perdão; nós as entregamos à misericórdia de Deus, e assim podemos ir ao encontro delas com outra postura.

Jesus morreu com uma oração nos lábios, a prece vespertina judaica: "Em tuas mãos recomendo meu espírito" (Sl 31), acrescentando a palavra "Pai". Até mesmo na morte Ele se dirige ao Pai como sendo amoroso e carinhoso, entregando o seu Espírito nas mãos amorosas do Pai. Na morte, Jesus retorna ao Pai; a oração transfigura sua morte. A despeito de toda a crueldade, Jesus se agarra à oração e permanece nela, mesmo em sua maior necessidade, no relacionamento com Deus. Sim, o relacionamento com Deus o liberta do poder dos homens; nem mesmo seus assassinos conseguem triunfar sobre Ele. A oração o eleva para outro mundo, onde os gritos de seus carrascos não o alcançam. Sua vida orante o acompanha desde o início de sua obra até seu fim na cruz. Ela mostra onde Jesus encontrou seu sustento verdadeiro e revela que Ele, com a força da oração, conseguiu seguir seu caminho e atravessar a morte, porque, acima de todo sofrimento, o céu estava aberto e Ele sabia que estava unido ao Pai.

Nossa oração também culmina na entrega às mãos amorosas de Deus. A cada noite nos deixamos cair nas boas mãos de Deus e, assim, exercitamos nossa morte; na qual não cairemos numa escuridão cruel, mas nas mãos amorosas de Deus. A oração é o exercício de, sempre de novo, buscarmos refúgio nas mãos de Deus, também na solidão e na necessidade, mas principalmente na morte. Confiamos nas boas mãos de Deus, acreditando que nelas estamos protegidos, apoiados e abrigados.

Se resumirmos a escola da oração de Jesus, seguindo o Evangelho de Lucas, a oração é o caminho de realizar a vida, de vencer situações ameaçadoras baseando-se na fé. Ela também relativiza o mundo com suas exigências, pois nos faz entrar em contato com o nosso próprio centro, com o espaço interior ao qual o mundo não tem acesso. A oração é, ao mesmo tempo, o exercício de uma vida boa e de uma morte boa. Ela nos dá a certeza de que estamos nas boas mãos de Deus em todas as situações da vida. A oração nos encoraja a oferecer e apresentar a Deus tudo o que nos ocupa no dia a dia. Isso transforma nossa vida e a preenche cada vez mais com o Espírito de Jesus, que é um Espírito curador e encorajador.

2
A escola de oração nos Salmos

Na Bíblia há um livro chamado "Salmos", no qual estão reunidos 150 salmos, escritos entre 1000 e 300 a.C. Ele é livro de oração dos judeus e está dividido em salmos de louvor, de peregrinação, de gratidão, sendo que a maior parte dele contém lamentações. Toda a vida humana com suas necessidades e sofrimentos é levada até a presença de Deus.

Rainer Maria Rilke afirma que o saltério é "um dos poucos livros nos quais nos encontramos completamente, não importa quão dispersos, desordenados e aflitos estejamos". Os Salmos nos convidam a expressar todas as comoções da alma perante Deus. Assim, quando rezamos os Salmos podemos expressar nossos sentimentos na presença de Deus: raiva, desespero, decepção, e Ele os transforma.

Hoje, muitas pessoas têm dificuldade em interpretar os Salmos. Nossos hóspedes constantemente perguntam por que esse livro fala tanto de inimigos e malfeitores. Para eles, uma oração piedosa não deve pedir a

Deus para que Ele destrua os inimigos ou malfeitores. Então lhes explico que não podemos interpretar os inimigos e malfeitores em sentido literal, que esses podem representar poderes externos ou internos que nos querem impedir de viver uma vida com Deus. Para mim, os Salmos também apontam pessoas assediadas por sofrimentos psíquicos. Também tento explicar aos nossos hóspedes que ao rezar os salmos manifestamos sentimentos que trazemos em nós. Que por meio deles podemos ser intercessores de outras pessoas, pois descrevem em imagens drásticas como muitas pessoas se sentem. Ao rezar esses textos antigos sinto-me conectado a essas pessoas e passo a ter a esperança de que Deus mudará o seu destino.

Salmos são poesias, que têm por natureza provocar algo dentro de nós. Elas nos envolvem em uma linguagem de movimento, nos informando sobre fatos da vida e nos levando a ter a mesma experiência do poeta. As poesias dos Salmos expressam experiências feitas por homens e mulheres piedosos.

As poesias ainda nos indicam imagens nas quais podemos nos reconhecer; fazem uso de uma linguagem supratemporal, apontando-nos imagens indicadoras de nossas experiências. Isso nos permite entrar em contato com emoções e posturas que muitas vezes se encontram adormecidas no fundo do nosso coração. Quando leio um salmo de anseio como – por exemplo, o Sl 63 – sou levado a ter contato com esse sentimento que se esconde em meu coração, mas do qual me encontro desconectado na maioria das vezes.

Todos trazemos dentro de nós a confiança e o medo; somos portadores desses dois polos. Muitas vezes, porém, damos mais espaço ao medo. Nesse sentido, imagino Jesus acalmando a tempestade do mar (cf. Mc 4,35-41), como a confiança está adormecida no barco do nosso coração agitado pelas tempestades da vida, levando-nos a sentir apenas o medo. Quando rezamos um salmo de confiança passamos a ter contato com a confiança instalada em nosso interior; por meio das palavras dos Salmos, Deus gera em mim essa confiança. Ele a desperta em mim.

Há pessoas que consideram antiquada a linguagem na qual os Salmos foram escritos; que ela nada tem a ver com a nossa vida. Mas, como as imagens de todas as poesias, as imagens dos Salmos são atemporais. C.G. Jung fala de imagens arquetípicas, que comovem as pessoas em todos os tempos. Assim, podemos mencionar a imagem do pastor que nos leva a um bom pasto; da água que já alcança nosso pescoço; do inimigo que nos ameaça. Todas essas são experiências que independem do tempo em que vive a pessoa que reza. Mesmo que não vivamos numa sociedade agrícola de três mil anos atrás, a imagem do pastor toca algo dentro de nós. E mais, as imagens arquetípicas igualmente desencadeiam um movimento dentro de nós, com efeito curador. Elas têm a capacidade de unificar nosso eu dilacerado, de curar nossas feridas ocultas. Portanto, com as imagens dos Salmos expressamos nossa própria vida, e elas nos trazem cura e libertação.

A literatura chama a linguagem poética de "linguagem enriquecida". Assim, os salmos que rezamos já estão enriquecidos de experiências feitas por quem os rezou há três mil anos. Estão enriquecidos sobretudo da experiência de Jesus, que, como judeu piedoso, os rezou diariamente. Alguns salmos me fazem lembrar de determinados santos que se nutriram deles. Outros me remetem a meus confrades. Todas essas pessoas fizeram uso das palavras sálmicas para expressar seu anseio por Deus. Elas lhes ajudaram a não se perderem nos conflitos diários, utilizaram-nas como forma de oferecimento a Deus da própria angústia e dor. Agora, junto de Deus, elas continuam a rezar os mesmos salmos com os quais expressamos hoje as nossas provações e os nossos anseios. Assim, quando os rezamos nos tornamos parte daqueles que seguiram para a glória eterna.

Santo Agostinho compreendeu os salmos sobretudo como oração de Jesus. Ainda criança, o Mestre memorizou os salmos na escola judaica. Os evangelhos relatam como Ele rezou os salmos de louvor com os discípulos após o banquete pascoal. E nos três primeiros evangelhos utiliza palavras dos salmos na cruz.

Como nos contam Mateus e Marcos, Jesus rezou na cruz todo o Sl 22, e, segundo Lucas, Ele teria rezado o Sl 31, a oração vespertina dos judeus. Quando rezo esses dois salmos posso imaginar sua luta na cruz, seu abandono e, ao mesmo tempo, sua confiança de, a despeito de toda a amargura, estar nas boas mãos de Deus.

Quando compreendemos os salmos como *vox Christi*, como voz de Cristo, eles passam a ter um novo sentido para nós. Então, quando os rezamos, compartilhamos das experiências que Jesus fez aqui na terra com as pessoas e com o Pai. Sentimos o seu conflito com este mundo endurecido e o seu anseio de voltar para o Pai, de estar abrigado no amor dele.

Os salmos nos servem como introdução à espiritualidade de Jesus; neles percebemos que o Mestre teve as mesmas experiências que temos. Muitos deles eram vistos como descrição da vitória de Jesus na cruz. Como, por exemplo, o famoso Sl 3: "Posso me deitar, dormir e acordar, pois o SENHOR me sustenta". As pessoas viam nesse texto a morte de Jesus na cruz e a sua ressurreição. De modo semelhante interpretavam o Sl 91 como palavras sobre Jesus. O trecho "Pisarás sobre o leão e a víbora, calcarás aos pés a fera e o dragão" era tomado como uma descrição da morte de Jesus na cruz. Nela o Mestre esmagou a cabeça dos leões e das víboras; na cruz Ele triunfou definitivamente sobre o poder de satanás. Quando declara a vitória de Jesus nesses salmos, os cristãos sentem-se parte dele. Juntamente com Cristo – essa é a confiança daquele que reza – alcançará a vitória que Ele já conquistou. Ambos os modos de compreender os salmos mostram que eles nos levam a Cristo e que podemos recitá-los com Cristo para o Pai.

Quem encontrar dificuldade para rezar pode tentar recitar um salmo lentamente e em voz alta. Não precisa entender todas as palavras, mas pode perceber que determinados versículos descrevem exatamente a sua situação. O Salmo sobre o Bom Pastor (Sl 23), por exemplo, é compreendido imediatamente por todos como uma descrição da própria situação. Já o Salmo da confiança (Sl 91) pode, como oração vespertina, tocar o coração de forma imediata. Quando leio esses trechos em voz alta sinto como eles expressam meu relacionamento com Deus e minha confiança nele, Assim, eles se transformam em minhas palavras.

Esta é a verdadeira arte de rezar os salmos: transformar as palavras estranhas em minhas próprias. João Cassiano afirma que deveríamos ler os salmos como se não tivessem sido escritos pelo profeta, mas por nós mesmos, como nossa própria oração. Quando os rezamos devemos nos transformar no próprio autor do salmo. João Cassiano sugere receber as palavras dos salmos não como algo que ouvimos de um terceiro, mas "como algo conhecido; não como algo que confiamos à memória, mas como algo inerente à nossa natureza". A experiência que Cassiano fez com a oração dos salmos é muito rica e inspiradora. Tento fazer a mesma experiência imaginando que as palavras dos salmos expressam os meus sentimentos, as minhas emoções, as minhas paixões, os meus anseios, a minha... Que elas são as minhas próprias palavras que eu não conseguiria formular de outra maneira.

3
Modos de rezar

Na tradição espiritual do cristianismo existem modos diferentes de rezar: pedir, agradecer, louvar, adorar, lamentar. Todas as maneiras utilizadas para conversamos com as pessoas também podem ser adotadas em nossa relação com Deus. Podemos contar-lhe todos os nossos sentimentos: tristeza e alegria, desespero e êxtase; podemos lhe pedir ajuda, mas também podemos manifestar nossa gratidão e louvor. A oração igualmente pode ser de lamentação quando não escondemos dele os nossos sentimentos negativos. Ao expressarmos todos os nossos sentimentos enquanto oramos, eles se transformam. Eu, por exemplo, sempre me sinto transformado quando expresso minhas emoções na presença de Deus. A oração transforma meus sentimentos, mas também minha postura diante de Deus.

Louvar

Hoje praticamente perdemos o senso de louvor; nesse mundo rodeado de sofrimento só conseguimos gritar a Deus, lamentar em sua presença ou pedir algo a Ele. Mas como podemos louvar a Deus se tantas pessoas estão sofrendo? A perspectiva da Bíblia é completamente diferente. Na época em que os textos bíblicos foram escritos certamente havia tanto sofrimento quanto nos dias de hoje. Mesmo assim, a tarefa mais importante do ser humano é, segundo a Bíblia, louvar a Deus. Quando nós monges rezamos a vigília às cinco da manhã, nós a iniciamos com um verso repetido três vezes: "Senhor, abre meus lábios, e minha boca anunciará o teu louvor". A oração é principalmente um louvor. O mesmo fazem os judeus, que iniciam sua *amidá* com a mesma fórmula (cf. Sl 51,17): "Louvado sejas, Senhor, Deus nosso e Deus dos nossos pais".

Para a Bíblia não existe diferença entre viver e louvar; quem parou de louvar deixou de viver, apenas "funciona". Louvar significa olhar para Deus, descobrir no meio deste mundo sofrido os rastros de sua beleza. Louvar sempre tem a ver com beleza, e quando louvamos a Deus nossos olhos se abrem para ver a beleza deste mundo. Faz parte da natureza humana elevar os olhos para algo maior, admirá-lo e louvá-lo. Uma pessoa incapaz de louvar facilmente se torna ranzinza, vendo somente o lado negativo das coisas. Sinclair Lewis expressou isso da seguinte forma: "Louvar nada mais é do que saúde interna que se faz audível". O reclamão invariavelmente encontra motivo para colocar defeito em tudo. Já a pessoa que elogia as coisas, alegra-se com elas e consegue expressar sua alegria também consegue desfrutá-las; é uma pessoa saudável.

Quando louvamos reconhecemos que não somos o Criador do mundo, mas criaturas, e a tarefa das criaturas é louvar seu Criador. O homem que é fruto da Modernidade perdeu esse senso; ele se vê como *homo faber*, como o homem que faz com suas próprias mãos. Ele se vê como um criador, contemplando suas próprias obras com orgulho. Para esse tipo de pessoa, realizar-se em sua própria obra é mais importante do que o "louvor inútil e supérfluo ao Criador". Mas no louvor há uma postura fundamental humana, vivenciando-se inteiramente como presente, graça.

Há uma frase sobre o louvor, do teólogo e psicólogo holandês Henri J.M. Nouwen, que me comove. Ele passou sete meses em um convento dos trapistas, na esperança de ali se livrar de suas depressões. Ao retornar às atividades diárias a depressão voltou a se apoderar dele. No posfácio de seu livro sobre sua experiência com os trapistas, ele escreve: "Conventos não são construídos para resolver problemas, mas para louvar a Deus em meio aos problemas". Louvar não significa fugir dos problemas pessoais nem dos problemas do mundo. Assim, louvo a Deus em meio aos meus problemas, com plena consciência das necessidades do mundo; porém, não fixo minha atenção nos problemas. Em meio às necessidades, olho para Deus; elevo meus olhos para o céu, como o diz o salmista, e louvo a Deus, mesmo quando não estou me sentindo bem. Adotando essa postura percebo como meus problemas são relativizados. Experimentei isso muitas vezes durante minha atividade de administrador do mosteiro. Após um dia cheio de problemas e preocupações eu não sentia vontade de louvar a Deus, mas quando o fazia as minhas preocupações simplesmente desapareciam. Elas passaram a ser irrelevantes diante do Deus que criou o mundo com tanta beleza. Quando louvamos a Deus não fugimos da realidade, mas passamos a vê-la com uma luz diferente.

Pedir

Às vezes ouço afirmações como estas: Qual é o sentido de pedir algo a Deus? Ele já sabe de tudo! Portanto, não preciso pedir! Obviamente, Deus não precisa ser lembrado por mim com os meus pedidos. Posso confiar que Ele pensa em mim, mas quando levo todas as minhas necessidades e preocupações a Deus, isso me faz bem. Sinto que não estou a sós com os meus problemas. Posso lhe pedir o pão de cada dia, a saúde e calma diante de situação específica. E assim, posso confessar minha carência, que é um sinal de humildade: eu não me basto; nem tudo está bem; preciso de forças para dar conta da vida; desejo que Deus me fortaleça no trabalho; me console na tristeza; transforme a minha dor. Nem sempre Ele faz desaparecer os meus problemas ou tira a doença de mim, mas posso confiar que meu pedido é ouvido, que o próprio ato de pedir me transforma. Quando expresso minha carência e minha necessidade de ajuda, já não me sinto sozinho. Posso voltar-me para Deus, pois tenho um interlocutor que meu ouve, e isso me faz bem.

Pedimos não só para nós mesmos, mas também para outras pessoas. Muitos questionam a necessidade da intercessão, se Deus realmente intervém quando rezamos por outra pessoa. Naturalmente, não podemos saber como Ele reage à nossa oração, mas é possível observar o efeito psicológico da intercessão. Quando rezo por uma pessoa que se encontra em necessidades eu me sinto conectado a ela; isso me pode motivar a dizer ou escrever-lhe algo. Quando me encontro com ela, munido de esperança, isso já tem um efeito fortalecedor e curador.

Muitas se sentem melhor ao ouvir esta frase: "Estou rezando por você", pois percebem que são apoiadas, que outros pensam nelas e intercedem por elas a Deus. A intercessão é como uma rede que as segura em sua necessidade, e esse apoio as fortalece em sua necessidade ou doença.

Há aquelas que se queixam: "Rezei tanto para que Deus me livrasse da depressão, mas mesmo assim não me sinto melhor". "Rezei tanto pela minha mãe, que sofria de câncer, e mesmo assim ela morreu". A oração não pode ser vista como uma garantia de que Deus retirará determinada depressão ou doença. Seu objetivo é me transformar; ela quer que eu me entregue a Deus em minha impotência, passando a me sentir apoiado por

Ele. Posso lhe perguntar o que pretende me dizer com a depressão, a doença. Assim, pode ocorrer uma transformação dentro de mim em relação à minha depressão ou doença.

Não importa o quanto eu reze, não posso obrigar Deus a fazer o que eu desejo dele. No final de cada oração é preciso nos recordarmos do que Jesus rezou quando pedia ao Pai que o poupasse da morte na cruz: "Não se faça como eu quero, mas como Tu queres" (Mt 26,39). Faz-se necessário terminarmos nossa oração com a mesma petição do Pai-nosso: "Seja feita a tua vontade!" Pedir algo a Deus também pode significar "lutar" com Ele. Eu lhe peço intensamente que o meu desejo, o meu pedido, o meu anseio sejam realizados, mas também luto com Deus Ele quando meu pedido não se realiza. Então tento, como Jesus no Monte das Oliveiras, render-me à vontade de Deus, na esperança de que sua vontade não seja aleatória, mas que, no final das contas, servirá para a minha salvação e a salvação das pessoas. Essa luta com Deus me transforma; de repente reconheço que não posso usar Deus para realizar os meus desejos. Na luta com Deus percebo o que realmente importa; que eu posso me envolver com esse Deus incompreensível e que, a despeito de toda incompreensibilidade e de toda escuridão, posso confiar que eu e as pessoas pelas quais eu rezo não cairemos das bondosas mãos de Deus.

É possível experimentarmos a eficácia de nossos pedidos, mas quando isso não acontece não podemos atribuir culpa a ninguém. "Há pessoas que dizem: "Minha oração não lhe ajudou porque sua fé é fraca demais". Quando digo algo desse tipo provoco sentimento de culpa no outro. Não podemos atribuir culpa a nós mesmos ou a outras pessoas quando aparentemente nossa oração não for respondida. Sempre é um presente de Deus quando alguém é curado por meio da nossa oração. Podemos sim acreditar em milagre, mas sempre com a humildade de que não fomos nós que causamos a cura, mas Deus, e que não podemos forçar nada por meio da nossa oração, mas que sempre devemos nos confiar a Ele, como diz um hino alemão: "O que Deus faz é bem-feito, sua vontade permanece justa; aceito como Ele faz as suas coisas".

Agradecer

A gratidão é uma importante virtude humana; ela nos permite viver com dignidade. Mas também é uma forma singular de orar. Ouço de muitas pessoas que elas só rezam quando necessitam de algo. Porém, deveríamos nos acostumar a agradecer a Deus por tudo o que Ele nos dá diariamente. Ao acordarmos, por um novo dia com saúde, pela oportunidade de vivenciarmos algo novo, de encontrarmos pessoas, de deixarmos o nosso rastro neste mundo. E, durante o dia, pela comida que nos sustenta; por um encontro bem-sucedido; quando, atrasados, conseguirmos embarcar no trem... Poderíamos nos acostumar a fazer orações curtas: "Obrigado, Senhor, pela reunião bem-sucedida". "Obrigado pela nova oportunidade no trabalho". Existem inúmeras oportunidades para sentirmos e expressarmos gratidão. Os pais deveriam agradecer a Deus por seus filhos; os filhos deveriam agradecer a Deus pelos pais, por tudo o que eles lhes deram.

A gratidão transforma nosso relacionamento, nos torna mais conscientes, nos faz reconhecer tudo o que os outros nos deram. E assim, deveríamos agradecer a Deus pelos amigos que Ele nos dá, pelos encontros que acontecem espontaneamente, pelo olhar amável da vendedora, pelas palavras encorajadoras de um amigo ou de uma pessoa que conversou conosco no ônibus.

Autores espirituais recomendam que agradeçamos também por pessoas difíceis. No início, sempre relutamos. Eu pude experimentar isso repetidas vezes: quando agradecia por uma pessoa com a qual eu tinha problemas, algo mudava nela; o nosso relacionamento melhorava. Evidentemente, não posso instrumentalizar o agradecimento *para que* o outro mude; eu agradeço pelo fato de ele *ser* como é. Em termos puramente psicológicos podemos dizer que esse agradecimento incondicional faz bem ao outro porque ele se sente incondicionalmente aceito. Quando alguém se sente aceito, seu comportamento muda. Mas é preciso confiança para agradecer pelo outro também quando ele não mudar seu comportamento, mas agir de forma cada vez mais hostil. Em casos desse tipo, é preciso esperar que o outro reconheça o mistério de sua vida e se aceite em algum momento, independentemente do meu relacionamento com ele.

A liturgia cristã culmina na Eucaristia. *Eucharistein* é uma palavra grega que significa dar graças. A essência da Santa Missa é, portanto, a ação de graças. A gratidão se expressa sobretudo nos prefácios; um deles começa assim: "Na verdade, é justo e necessário, é nosso dever e salvação dar-vos graças, sempre e em todo lugar, Senhor, Pai Santo, Deus eterno e todo-poderoso". Então é mencionada a razão da gratidão: "Pois o Verbo se fez carne"; "Pois já resplandece o dia da salvação"; ou: "Vencendo o pecado e a morte, vosso Filho, Jesus, rei da glória, subiu, ante os anjos maravilhados, ao mais alto dos céus". Aqui são mencionados os mistérios da festa. Ou se diz simplesmente: "Pois Ele fez grandes coisas por nós". Assim, a Eucaristia nos convida a agradecer pelas grandes coisas que Deus faz por nós. Podemos rezar com Maria: "Minha alma engrandece o Senhor [...] porque o Poderoso fez por mim grandes coisas" (Lc 1,46.49).

Louvar e *agradecer* estão intimamente vinculados. Mas Claus Westermann, estudioso do Antigo Testamento, aponta uma diferença essencial nessas ações. Quando louvamos, o foco sempre é Deus. Portanto, nunca dizemos: "Eu louvo você", mas eu louvo a Deus, proclamando seus grandes atos: "Louvado seja Deus por todos os seus benefícios! Louvado seja Deus, pois Ele fez em mim maravilhas". Já no agradecimento, o *eu* é o sujeito: "Eu te agradeço por este dia". "Eu te agradeço por aquilo que me deste hoje". Posso responder a uma bela experiência na natureza – por exemplo, a um pôr de sol – com: "Obrigado"; "Eu te agradeço"; "Louvado seja Deus, Ele fez tudo maravilhosamente".

Adorar

Adorar a Deus é um ato primordial de toda religião e não consiste em lhe pedir nada. É expressão de uma profunda realidade: eu me prosto diante dele porque é Deus. Estou totalmente preenchido por Ele, e por isso nada quero obter por meio da adoração; nem belos sentimentos nem tranquilidade e paz. Na adoração não falo dos meus problemas, mas simplesmente me prostro diante de Deus porque Ele é o meu Senhor, o meu Criador. Na adoração não giro mais em torno de mim mesmo e de meus problemas, mas tento olhar exclusivamente para Deus; esqueço de mim mesmo porque Ele se apoderou de minha vida, porque Ele é o que realmente importa para mim. Nesse contexto surge um paradoxo: quando esqueço de mim torno-me verdadeiramente autêntico, completamente eu mesmo. Meus problemas e as outras pessoas não me preocupam mais; Deus me preenche totalmente. Assim, a adoração vai ao encontro do meu anseio de me libertar de mim mesmo, do eterno girar em torno de minha vida, do vício de referir tudo a mim, de querer tudo para mim mesmo. Quando esqueço de mim eu me liberto; nada mais importa: meus problemas, minha culpa, meu estado psíquico... Apenas Deus importa. Georges Bernanos disse certa vez que uma das grandes graças é aceitar a si mesmo. Sabemos que precisamos de uma vida inteira para isso, mas a graça das graças, afirma ele, é poder esquecer de si mesmo, pois quando isso ocorre estou completamente livre de mim mesmo.

Adoração como autoesquecimento ocorre também quando simplesmente contemplo um pôr de sol. Fico comovido, esquecendo de mim mesmo; por alguns instantes deixo de prestar atenção aos próprios sentimentos e de me fazer perguntas constantes: "Isso me faz bem?" "Como estou me sentindo?" Carregamos um anseio primordial de simplesmente esquecermos de nós mesmos e de nos colocarmos em adoração diante do Todo-poderoso, de sermos tocados por Ele, pela beleza da criação, pela beleza de um quadro, pela beleza de um concerto. Quando algo nos comove intensamente deixamos de refletir sobre nós mesmos; ficamos simplesmente presentes, e isso constitui uma profunda experiência de Deus.

Quando, por exemplo, estou sentado num banco durante as férias e contemplo a paisagem linda, sinto uma profunda união com tudo. Nesse momento estou livre da pressão de ter que descrever a paisagem a alguém, livre da pressão de ter que justificar que não estou produzindo nada, pensando em nada. Estou simplesmente presente, ocupando-me unicamente daquilo que contemplo.

Na adoração esmorece a proximidade excessiva das pessoas que querem algo de mim ou a proximidade de problemas e preocupações que me assolam. Quando eu esqueço de mim mesmo, encontro tranquilidade, cessando o barulho dos meus pensamentos e sentimentos. Finalmente estou em casa, após uma longa busca. Em casa só pode estar aquele que se prostra diante do mistério de Deus. Então nossa alma se aquieta, sentimos que o nosso maior anseio se cumpriu, que finalmente encontramos algo diante do qual podemos nos curvar. Isso porque o ser humano busca, durante toda a sua vida, algo que concentra todas as suas forças e realiza todos os seus anseios e necessidades.

A adoração não acontece unicamente na cabeça, mas em todo o corpo. Seu gesto primordial é a *prostratio*, quando o ser humano se prostra inteiramente diante de Deus. Também adoramos a Deus quando nos curvamos em sua presença ou quando estamos sentados diante dele, estendendo-lhe as mãos. Em todo caso, a adoração deseja se expressar também através do corpo; todas as nossas forças desejam confluir na adoração. O corpo ajuda nosso espírito a se acalmar, que todo o nosso ser se volte unicamente para Deus. O encontro com o Todo-poderoso deseja abrir todos os espaços dentro de nós e permitir que seu olhar amoroso e vivificador nos inunde. Aparentemente a adoração não transforma o mundo, mas é justamente nela que esqueço de mim mesmo e abro espaço para ver o mundo com outros olhos. Isso se evidencia na adoração eucarística. Ao olharmos para o Corpo de Cristo visualizamos o mundo de uma nova maneira. O jesuíta francês Teilhard de Chardin descreveu isso de forma maravilhosa. Quando, na igreja de uma aldeia, viu a Eucaristia num ostensório, teve a impressão "de que sua superfície se estendia como uma mancha de óleo, mas de forma muito mais rápida e leve. No início, acreditava ser o único a perceber essa mudança. [...] Parecia que ela prosseguia sem despertar qualquer desejo e sem se deparar com qualquer obstáculo. [...] Assim me envolvia, em meio a um grande suspiro, que me fez lembrar um despertar ou uma lamentação, a correnteza do branco. Ela passou sobre mim e inundou todas as coisas". Teilhard reconhece como a luz da hóstia consagrada preenche e transforma o mundo inteiro com o amor de Jesus Cristo. Para ele, rezar em silêncio e solidão diante da hóstia consagrada não é uma fuga do mundo; pelo contrário, a oração transforma o mundo e vivifica tudo ao nosso redor.

A adoração como ato primordial do ser humano determina não só o nosso relacionamento com Deus, mas também conosco mesmos, com as pessoas e com o mundo. É a postura do autoesquecimento e, ao mesmo tempo, a postura de deixar ser. Eu deixo Deus ser Deus, deixo o ser humano ser um ser humano, deixo a natureza ser natureza. Desisto de avaliar ou querer mudar tudo. Quando deixo a pessoa ser como ela é, eu lhe permito crescer, tornar-se aquilo que ela é em sua essência. Quando deixo a natureza ser, eu lhe permito florescer e tornar-se uma bênção para mim. Assim, a adoração é uma postura que necessitamos muito nos dias de hoje, num tempo em que instrumentalizamos tudo e nos entregamos à tirania do dinheiro. Adoração é a postura da liberdade interior de nós mesmos e da nossa ganância, do nosso desejo de usar tudo para nosso proveito. Quando vamos ao encontro das pessoas e da criação com essa postura de liberdade interior tudo à nossa volta começa a florescer.

Lamentar

Nos salmos, as pessoas constantemente mostram seus lamentos; queixam-se diante de Deus por estarem sofrendo tanto. Observam o mundo e reconhecem que, muitas vezes, os maus se dão bem, enquanto que os justos sofrem. No Sl 73,3s. o salmista afirma que os criminosos não sofrem: "eu tinha inveja dos arrogantes, ao ver a prosperidade dos ímpios. Não têm dificuldades até à morte, seu corpo é sadio e bem-nutrido". Ele mesmo, porém, experimenta labuta e dor todos os dias. A consequência é: "Meu coração se exasperou e eu sentia meus rins se dilacerarem" (Sl 73,21). Então se dirige ao templo e reflete sobre o fim dos ímpios, confessando diante de Deus: "Mas eu sempre estou contigo, Tu me seguras pela mão direita, Tu me guias segundo teus desígnios, e no fim me acolherás na glória" (Sl 73,23s.). Lemos algo semelhante em muitos salmos. Primeiro o salmista lamenta seu destino ou sua doença, como, por exemplo, no Sl 38: "Não há parte ilesa na minha carne, por causa de tua ira; não há parte sã no meu corpo, por causa de meu pecado" (Sl 38,4). Mas eles jamais permanecem na lamentação. Esta não se transforma em queixa que sempre gira em torno dos mesmos problemas. Muitas vezes, a queixa nos leva à autocomiseração, que não nos abre para Deus, mas nos fecha dentro de nós mesmos. A lamentação, porém, apresenta todos os nossos sentimentos a Deus. Ousamos expressar para Ele todas as nossas emoções: raiva, decepção, desespero, falta de esperança... Nos queixamos diante dele por não ter nos protegido de todas as situações ameaçadoras. Mas, nos salmos, a lamentação sempre termina em confiança e na disposição de se envolver novamente com Deus. Eu posso lhe fazer as minhas queixas, mas enquanto ainda me queixo, já sinto que Ele não me abandona; que, a despeito de toda a minha necessidade, Ele continua sendo o meu refúgio e a minha rocha. Assim, o enfermo reza no Sl 38 após seu lamento: "Em ti, SENHOR, espero: Tu responderás, Senhor meu Deus" (Sl 38,16).

Constantemente ouvimos a pergunta: "Ainda podemos rezar depois de Auschwitz?" Até mesmo os judeus respondem: "É claro que sim, pois rezaram também em Auschwitz". Lá os judeus apresentaram seu sofrimento a Deus e se queixaram também dele. Os judeus distinguem dois tipos de lamentação, que também se expressam nos salmos. Em primeiro lugar há lamentação a respeito dos inimigos, que nos ameaçam. É uma lamentação em primeira pessoa, ou seja, sobre a minha situação, meu desespero, minha doença, minha falta de esperança. Também existe a lamentação em segunda pessoa, que questiona Deus por Ele estar tão distante, por não se revelar. Atualmente a lamentação praticamente desapareceu das nossas orações. Na maioria das vezes, pedimos diretamente a ajuda de Deus. Mas a lamentação nos faz bem, pois nos permite expressar nossas emoções intensas e sairmos transformados de nossa situação. Mas essa transformação só ocorre quando não ignoramos o nosso sofrimento, mas o apresentamos a Deus, sempre na esperança de que Ele nos ouve e que, por meio da lamentação, nossa confiança em sua providência possa crescer.

Nos salmos a lamentação não se limita à descrição da situação ameaçadora na qual nos encontramos. Muitas vezes ela se expressa na forma de perguntas: "Por que me abandonaste?" "Por quanto tempo ainda fecharás teu ouvido?" "Por que me obrigas a viver na tristeza?" "Por quanto tempo permitirás que meu inimigo zombe de mim?" "Deus se esqueceu de sua misericórdia?" Essas perguntas mostram que o rezador já se abriu a Deus, que ele não se fecha em sua lamentação, mas quer iniciar uma conversa com Deus, desafiando-o a responder às suas perguntas.

Rezar

Uma forma cotidiana de entrarmos em contato com Deus são as *rezas curtas*, feitas por ocasião de situações específicas. Antes de uma conversa difícil, geralmente dizemos, rapidamente: "Senhor, abençoa essa conversa".

Um jovem me contou como ficava impressionado com o seu pai, que era fazendeiro. Quando confrontado com uma situação difícil, costumava dizer: "Em nome de Deus". Quando uma vaca paria e precisava de ajuda, ele não hesitava, dizendo: "Em nome de Deus". Em tudo o que fazia evocava Deus. Na *Pequena filocalia*, um livro de edificação da Igreja Ortodoxa, essa forma de rezar é descrita com as seguintes palavras: "Por ocasião das tentações, refugia-te em rezas curtas, mas ardentes". Em diversas situações em que nos sentimos ameaçados, uma breve oração nos revigora.

São Bento descreveu esse tipo de reza em sua regra. Quando o monge se envolve em situações difíceis, ele deve recitar uma palavra das Escrituras Sagradas. Quando sofre uma injustiça, quando se esgota no caminho espiritual, quando tudo parece dar errado, ele recita este versículo bíblico: "Aquele que perseverar até o fim será salvo" (RB 7,36; Mt 10,22). Ou quando ele se sente impotente e acredita não dar conta da vida, diz: "Que se revigore o teu coração e suporta o Senhor" (RB 7,37; Sl 27,14). A arte desse método beneditino de oração consiste em não dar espaço à raiva, autocomiseração ou sentimentos agressivos, mas reagir a cada situação com uma frase das Sagradas Escrituras.

Posteriormente se desenvolveu a partir desse método de oração de São Bento o *exercício da reza*, ou seja: reajo com uma palavra de oração aos obstáculos diários, ao equívoco, à irritação, aos conflitos e às tensões.

O chamado Método Antirrético é semelhante. Ele foi descrito por Evágrio Pôntico, um monge do século IV, e consiste em utilizar palavras bíblicas diante de situações difíceis. Muitas vezes percebemos negatividade em nossa alma, como: "Eu não consigo fazer isso". "O que as pessoas pensarão de mim?" "Tenho medo de ser julgado por elas." Então poderemos responder com um versículo do Sl 118: "O SENHOR está a meu favor; nada temo. Que mal alguém poderá me fazer?" Esse versículo transforma o medo; ele permite entrarmos em contato com a confiança, que já está presente no fundo de nossa alma, mas da qual estamos separados. Evágrio Pôntico sugeria esse método ao monge, principalmente quando ele se via tentado. Ele descreve essa forma de rezar como o fará Santo Agostinho com a "reza-tiro". "Caso você caia em tentação, não comece a rezar imediatamente. Lance primeiramente com ira algumas palavras contra aquele que o tenta. Pois não conseguirá rezar de forma pura se você seguir este ou aquele pensamento. Quando você diz algo em ira contra esses pensamentos, frustra os planos do inimigo e os torna ineficazes" (PONTICUS, 1986, cap. 42). Georg, um jovem que havia se separado de sua namorada, contou-me sobre o efeito desse método. Ele estava se entregando à autocomiseração até que, com toda a força que possuía, lançou estas palavras contra o pensamento depressivo: "Em nome de São Jorge, saia de mim!" Isso o libertou de sua autocomiseração.

Observei muitas vezes o exercício de rezar dos confrades idosos. Eles não só começavam o dia "Em nome de Deus", mas rezavam em muitas situações: "Senhor, ajuda-me!", ou: "Deus, abençoa meu trabalho!" Alguns exclamavam espontaneamente: "Jesus, Maria e José!" Isso lhes ajudava a expressar que não estavam sozinhos, que tinham a assistência de Jesus e também de Maria. Isso introduzia algo carinhoso na mesmice do dia a dia, e a invocação de José expressava a ação. Na maioria das vezes eram simples artesãos que faziam uso dessa oração para criar coragem e enfrentar o trabalho.

Mas esse tipo de reza não é usado somente em situações difíceis. Quando conseguimos fazer algo, exclamamos espontaneamente: "Obrigado", ou "Graças a Deus". Temos a impressão de que nosso sucesso não se deve a nosso mérito; mas o atribuímos a Deus. Ou quando algo nos comove profundamente, costumamos exclamar: "Meu Deus!" Muitas vezes, é uma exclamação inconsciente, mas é uma maneira de estabelecer um vínculo entre Deus e o nosso cotidiano. Uma reza comum entre os monges é a "Oração de Jesus": "Jesus, tem piedade de mim". Mas porque esta oração representa uma forma própria de rezar e meditar, eu a descreverei separadamente.

A Oração de Jesus ou a Oração do coração

Desde o século IV os monges praticam no deserto a chamada Oração de Jesus. Faço uso dela em minha meditação diária, na qual se misturam as duas formas:

rezar e meditar. No fim das contas, a meditação também é uma forma de oração, pois ela pretende nos colocar em contato com Deus. A Oração de Jesus também é chamada Oração do coração, porque o coração exerce um papel importante nela. Pretendo descrevê-la rapidamente para então analisar o seu sentido.

A Oração de Jesus está ligada à respiração. Quando inspiramos, dizemos em voz baixa: "Senhor Jesus Cristo". Imaginamos que, com Jesus Cristo, o amor invade o nosso coração e o aquece. Quando expiramos, dizemos: "Filho de Deus, tem piedade de mim". Imaginamos como, na expiração, o Espírito de Jesus, com seu amor e sua misericórdia, penetra todo o nosso corpo e nos leva para o espaço interno do silêncio, ao qual o barulho do mundo não tem acesso, onde estou completamente na minha presença, imerso no amor de Deus. Podemos também mudar essa segunda parte da Oração de Jesus. A tradição também conhece versões diferentes: "Tem piedade de mim", "Tem piedade de mim, pecador", ou "Tem piedade de mim, o pecador".

Posso usar a Oração de Jesus como uma reza curta enquanto, por exemplo, espero o ônibus. Assim, estou em contato com Jesus no meu dia a dia. Mas posso exercitá-la também como meditação. Nesse caso, me sento durante 20 a 30 minutos e uso minha respiração em combinação com a Oração de Jesus. Existem dois modos de meditar com a Oração de Jesus. Posso utilizá-la a partir de minhas emoções: raiva, decepção, ciúme. Assim, não fico girando em torno das minhas emoções, mas também não as reprimo. Permito que elas existam, mas insiro nelas a Oração de Jesus. Isso as transforma no decorrer do tempo. De repente, passo a sentir paz interior. Também posso praticar a Oração de Jesus de outra forma: "agarro meu espírito" à Palavra (i. é, a Jesus) e permito que ela me leve até o fundo da minha alma, ao espaço interior do silêncio, ao espaço sagrado habitado por Deus, com seu amor e sua misericórdia. É claro que nem sempre conseguirei experimentar esse espaço, mas o simples conhecimento da intenção da Oração de Jesus me permite vislumbrar esse espaço interno sagrado, no qual posso experimentar liberdade, vivacidade, paz e amor.

Para os monges, a Oração de Jesus é um resumo de todo o Evangelho. Nela encontramos a fé na encarnação de Deus em Jesus Cristo: "Jesus Cristo, Filho de Deus". É nela que está a fé na salvação: "Tem piedade de mim". A salvação não fica reduzida à libertação da culpa, mas compreende nosso ser impregnado com o amor de Jesus. A palavra grega *eleison* (tem piedade) me transmite carinho e amor. Nesse sentido, a salvação consiste no fato de eu, que me vivencio como inaceitável, experimentar o amor incondicional de Jesus Cristo, que transforma tudo – o caos e a culpa – em amor.

Para os monges, a Oração de Jesus é – principalmente na Igreja Oriental – o caminho para permitir que o Espírito de Jesus nos penetre cada vez mais. O objetivo da encarnação de Deus em Jesus Cristo é que o ser humano seja deificado, e a Oração de Jesus é uma maneira concreta de permitir que o Espírito divino nos preencha e nos transforme cada vez mais. João Clímaco, um monge do século VII, atribui à Oração de Jesus a capacidade de revelar as paixões ocultas que se aninharam no coração. A tarefa dessa oração é purificar o coração da dependência das coisas terrenas. Quando é rezada com adoração, ela "possui o poder de esquentar o coração para Jesus Cristo, de viver em sua presença e de deificar toda a natureza humana até a união com Cristo". Dificilmente experimentaremos esse efeito nesta vida, mas a descrição dos antigos monges mostra o quanto eles prezavam essa oração. Ela se tornou uma fiel companheira em meu caminho espiritual.

Rezar como ação: acender uma vela

Muitas pessoas que não sabem mais rezar desejam, mesmo assim, acender uma vela para outra pessoa. Elas entendem esse ato como intercessão pelo outro. Aqui, o rezar consiste em ação. Por exemplo: determinada pessoa vai para uma igreja e lá acende uma vela, ou faz uma peregrinação e acende uma vela junto ao altar de Nossa Senhora para a pessoa que lhe é cara.

O ato de acender uma vela é um símbolo rico. Ele expressa que, por meio da oração, a luz flui para a outra pessoa. A vida da pessoa para a qual eu acendo a vela deve ser iluminada. Sua falta de orientação deve ser substituída por um novo sentido na vida. Queremos que sua vida fique mais clara, que as fases sombrias, nas quais ela é lançada, devem ser iluminadas. E que seu coração frio deve ser inundado pelo calor do amor; ela deverá se sentir amada e aceita.

Por outro lado, a tradição cristã sempre vinculou ao ato de acender uma vela esta convicção: enquanto a vela estiver acesa a minha oração sobe para Deus. Portanto, a vela acesa é como uma oração estendida. É claro que, quando acendo uma vela, penso em determinada pessoa. A minha oração será breve, mas a vela a prolonga. Mesmo quando não penso mais na pessoa pela qual estou rezando, a vela mostra que minha oração tem um efeito mais longo.

As pessoas que acendem uma vela para outras sentem muitas vezes que não conseguem rezar; não sabem o que devem dizer a Deus; não conseguem imaginar o Deus ao qual poderiam dirigir a palavra. Mas acender uma vela é como uma oração para essas pessoas. Nesse ato ocorre algo essencial que caracteriza a intercessão: penso com benevolência na outra pessoa. Eu a apresento, juntamente com suas necessidades, a Deus. E tenho a esperança de que, quando acendo uma vela, o outro experimenta ajuda e fortalecimento.

4
Posturas e gestos da oração

Ao rezar as pessoas adotam determinadas posturas. Essa prática nunca foi uma atividade meramente intelectual, mas sempre vem acompanhada de gestos. Na oração o ser humano se abre de corpo e alma para Deus, e os gestos a intensificam. Eles nos permitem fazer uma profunda experiência com Deus e conosco mesmos, pois na presença dele podemos assumir e reconhecer nossa dignidade.

Quando me ajoelho vivencio a grandeza de Deus; ao cruzar as mãos no peito experimento o Deus que existe dentro de mim. Então, a oração me conduz ao fundo de minha alma. Os gestos expressam aspectos diferentes da nossa experiência de Deus e conosco mesmos, e são justamente seus diversos aspectos que enriquecem nosso relacionamento com Ele. Às vezes Deus é para nós o Senhor diante do qual nos prostramos; outras vezes é aquele que está do nosso lado e nos ajuda a levantar. Ele está em nós. Também o relacionamento com outra pessoa só permanece vivo se ele abarcar aspectos diferentes. Para a esposa, o marido é, às vezes, pai; outras vezes, é amante, parceiro, amigo, filho. E a mulher pode ser amante, parceira, filha, mãe. Tampouco existe apenas *uma* postura de oração. As diferentes posturas nos levam a um relacionamento vivo com Deus.

Os gestos têm dois significados. De um lado expressam os sentimentos que temos em relação a Deus. E, à semelhança dos relacionamentos humanos, quando os sentimentos não são expressados, morrem ou se tornam cada vez mais fracos. O outro significado é este: os gestos também podem desencadear uma experiência. Quando, por exemplo, eu me ajoelho, isso causa algo diferente dentro de mim. Certamente posso refletir sobre Deus também quando estou deitado na cama, mas quando me ajoelho, sinto Deus "em meus ossos", eu o vivencio em todo o meu corpo. Quando reflito na cama, isso acontece apenas em minha cabeça, mas quando me envolvo totalmente, de corpo e alma, a oração me levará a ter uma experiência profunda de Deus. Outras religiões também conhecem isso: os judeus giram a cabeça de um lado para o outro enquanto rezam. Esse movimento provoca um tipo de transe. Já os dervixes muçulmanos conhecem o movimento giratório, capaz de levar ao êxtase místico. E quando os budistas se lançam ao chão e se levantam repetidas vezes durante suas orações, isso também leva ao movimento de sua alma.

A postura orante

Os primeiros cristãos costumavam representar em suas catacumbas uma mulher em postura de oração que elevava suas mãos para o céu. Mais tarde, essa postura de oração foi chamada de "postura orante". "Orante" era a mulher que rezava, e "orans" era o homem que rezava. Para os cristãos primitivos, a oração não era, portanto, apenas uma atividade mental no sentido de apenas pensar em Deus e pedir algo a Ele, mas significava também elevar as mãos para Deus. A Igreja primitiva chegou a considerar as mãos erguidas como a verdadeira postura de oração.

Qual é a experiência que subjaz a essa postura? Quando elevamos as mãos para o céu como que segurando uma grande bacia, nos temos a sensação de estar abrindo o céu sobre nós, e dele flui o amor de Deus. Abrimos nosso corpo para que ele seja preenchido e inundado pelo amor de Deus. Mas também abrimos o céu para outras pessoas, que parece estar nublado, cinzento, fechado. Quando elevamos nossas mãos para Deus expressamos nossa esperança de que o "céu fechado" também se abra para elas.

A força intercessória desse gesto se evidencia na narrativa da luta dos israelitas contra os amalequitas no Antigo Testamento: enquanto Moisés elevava suas mãos para o céu, Israel vencia (cf. Ex 17,11). O gesto é, portanto, uma ajuda para que a vida de todos seja bem-sucedida, para que uma nova esperança inunde nossa vida e consigamos vencer todas as lutas que precisamos travar.

Evidentemente, não foram os cristãos que inventaram o gesto das mãos elevadas para o céu; eles a emprestaram de seu ambiente cultural e ligaram o gesto à cruz de Jesus. Com esse gesto pretendiam imitar Cristo que, na cruz, rezou pelo mundo inteiro. Orígenes, o grande Padre da Igreja, considera esse gesto a expressão propícia da alma na presença de Deus. Ele escreve: "Não devemos duvidar de que, entre as numerosas posturas do corpo, a postura das mãos estendidas e dos olhos levantados para o alto é preferível a todas as outras, pois assim expressamos a postura apropriada da alma durante a oração também por meio do corpo". Para ele, rezar significa abrir a alma para Deus. Quando fazemos isso, nosso corpo age sobre a nossa alma. Sem o corpo a alma não consegue se expressar adequadamente.

O propósito da postura orante é abrirmos o nosso dia a dia para Deus. Nessa postura igualmente experimento uma vastidão interior, conseguindo vivenciar sentimentos como alegria e liberdade. Já os sentimentos depressivos se desfazem. Portanto, essa postura nos faz bem; ela nos transmite algo da grandeza e da infinitude de Deus, e este é aquele que nos dá espaço, que nos leva à plenitude. Ao mesmo tempo, esse gesto nos abre para as pessoas; o céu que se abre sobre mim também se abre àqueles que vivem sob ele.

Mãos abertas

Uma das primeiras formas de oração é com as mãos abertas. Estendemos nossas mãos para Deus como uma taça; com as mãos abertas, abrimos toda a nossa vida para Ele. Quando abrimos nossas mãos a Deus durante a oração, oferecemos-lhe toda a nossa verdade; não só o nosso lado piedoso, mas tudo o que está dentro de nós. A vida, com sua história, está representada nas palmas das nossas mãos. Assim, oferecemos a Deus nossa vida da forma como ela transcorreu, sem avaliá-la ou julgá-la. Ela é o que é, e confiamos que o amor do Todo-poderoso impregne todo o nosso ser.

É com as mãos que agimos, que empreendemos, que tocamos, que cumprimentamos. E com as mãos abertas oferecemos a Deus tudo o que seguramos, como também tudo que deixamos de fazer, quando as escondemos para não queimá-las ou para não sujá-las.

As mãos abertas nos remetem às boas mãos de Deus. Quando as estendemos, imaginamos que Ele nos segura com suas mãos amorosas, que suas mãos nos apoiam e nos carregam. Com esse gesto expressamos que estamos prontos para interagir com Ele e aceitar aquilo que nos coloca em nossas mãos, seja um lindo presente ou um fardo difícil de carregar. Eu me ofereço a Deus e permito que Ele me recrute para o seu serviço.

Esse gesto igualmente pode determinar nossa oração vespertina. Ao final da tarde nos apresentamos ao Criador com as mãos abertas, oferecendo-lhe todas as atividades daquele dia. Nessa ocasião é importante não ceder à tentação de avaliar e julgar o dia, pois não podemos mudá-lo. Mas podemos confiar que Deus é capaz de transformar em bênção tudo o que aconteceu nele. Isso alivia o nosso fardo. Ao oferecer a Deus o dia que passou, cremos que Ele seja capaz de transformá-lo.

As mãos abertas são simbolizam somente nossa abertura a Deus, para que Ele possa impregnar tudo com seu amor. Elas também mostram que estamos prontos para aceitar aquilo que Ele deseja colocar dentro de nós. No fim do dia, podemos confiar que Deus colocará em nossas mãos a sua paz e o seu amor para que possamos dormir e descansar. As mãos abertas nos fazem lembrar igualmente aquilo que o Todo-poderoso já colocou em nossas mãos: força, criatividade, clareza, carinho, o dom de oferecer abrigo e proteção, o dom de edificar e encorajar. Assim, lhes estendemos as mãos em sinal de profunda gratidão. Não é preciso dizer nada; simplesmente oferecemos a Ele a nossa vida. Abrindo nossas mãos, oferecemos-lhe nosso coração, nossa alma e o nosso corpo para que possam ser perpassados e transformados por sua luz e seu amor.

Mãos dobradas

Quando criança, eu precisava dobrar as mãos durante a oração; era um gesto que ajudava na concentração. Nesses momentos eu me sentia totalmente piedoso, pois havia algo de reverente no gesto. Já como coroinha, esse mesmo gesto passou a ser obrigatório, e por isso passei a resistir. Parecia um exercício militar e autoritário, contra o qual comecei a lutar. Apenas muito mais tarde, quando o experiente professor de meditação Graf Dürckheim me explicou o sentido dos gestos de oração, é que reconheci o seu valor. É um gesto que me ajuda a concentrar em Deus, que permite sentir a mim mesmo de forma intensa.

Muitos povos conhecem esse gesto de dobrar as mãos. Para os cristãos, ele se popularizou apenas a partir do século IX. Para os povos germânicos era uma forma de reverência. Quando um contrato feudal era assinado, o vassalo estendia suas mãos dobradas em direção ao seu senhor, e este as cobria com as suas. Quando dobramos as mãos oferecemos a Deus os nossos serviços; ao mesmo tempo, nos subordinamos à sua vontade. Ainda hoje, ao ser ordenado, o sacerdote promete obediência ao bispo colocando suas mãos dobradas nas mãos dele. Na Ásia, essa postura é muito popular. Quando as pessoas saúdam alguém, dobram as mãos e se curvam. Na Coreia há homens e mulheres que permanecem nesse gesto durante toda a missa, pois é manifestação de piedade, concentração e respeito.

Quero convidá-lo a praticar essa postura, desprovido de qualquer preconceito. Coloque-se em posição ereta, mantendo as palmas das mãos a alguns centímetros de distância uma da outra. Concentre-se na distância que as separa e lentamente vá aproximando-as. Isso ajuda na concentração.

As duas mãos conectadas concentram nossa razão inquieta, reunindo todas as contradições que carregamos. Assim, todos os nossos pensamentos e sentimentos, com suas vibrações, fluem pelas nossas mãos agora dobradas, conectando-nos com o amor divino.

Permaneça alguns instantes nessa postura e concentração sem mencionar palavra alguma. Depois poderia se perguntar: Que palavras de oração essa postura coloca em meus lábios? O que eu gostaria de rezar nessa postura? Ou: Como eu me vivencio nessa postura na presença de Deus? E como eu vivencio Deus nessa postura?

Quando me sinto inquieto durante a meditação costumo dobrar as mãos e, assim, me acalmo. Mas não posso praticar esse gesto constantemente, pois isso o tornaria artificial. Em momentos especiais, porém, ele pode ser a postura mais adequada que posso ter diante de Deus. Assim, as mãos não me ajudam apenas em minha concentração, mas a voltar todo o meu espírito para Ele. Ao apontar os dedos para o alto, eles me remetem a Deus, que é o objetivo de minha vida. Quando me oriento por Ele torno-me exatamente aquilo que sou, e quando Deus se transforma em centro da minha vida encontro o meu próprio centro. Tudo isso me leva a tranquilizar todos os meus pensamentos. Deus, pelo qual me oriento, concentra tudo o que está disperso dentro de mim, unificando todos os meus pensamentos e sentimentos, organizando o meu caos. Portanto, esse gesto, além de ser uma adoração, passa a ter efeito curador em mim; ele me faz bem.

Ajoelhar-se

Durante a minha infância era obrigatório permanecer de joelhos durante boa parte da missa; as exceções eram durante as leituras (sentados) e na proclamação do Evangelho e Oração do Pai-nosso (em pé). A posição "de joelhos" também correspondia à imagem de Deus que se divulgava na época: diante do grande e infinito Deus é preciso ficar de joelhos para confessarmos nossa pequenez. Já na Igreja primitiva a postura comum era permanecer de pé durante boa parte da missa. O Novo Testamento recomenda essa posição somente em ocasiões especiais. Por exemplo, o leproso põe-se de joelhos diante de Jesus para implorar-lhe cura (Mc 1,40), expressando sua incapacidade de romper o ciclo vicioso de autorrejeição e da rejeição alheia. No Monte das Oliveiras Jesus se ajoelha em seu momento intenso de oração (Lc 22,41), manifestando sua agonia e se entregando ao Pai. Paulo dobra seus joelhos diante do Pai de Jesus Cristo (Ef 3,14) e, na Carta aos Filipenses, diz que o Pai exaltou Jesus Cristo acima de todos, para que em seu nome se dobre todo joelho (Fl 2,10). Aqui, ajoelhar-se é uma adoração a Deus, que é diferente de tudo.

Graf Dürckheim conta que uma mulher o procurou, lamentando que não conseguia rezar. Ele apenas lhe perguntou: "A senhora consegue se ajoelhar?" Imediatamente ela foi para casa e se ajoelhou em seu quarto. Isso fez com que compreendesse o que significa rezar: prostrar-se, reconhecer a própria impotência e experimentar a grandiosidade de Deus. Ao nos ajoelharmos podemos sentir carregados por Deus. Nessa postura podemos compreender melhor quem somos e quem Deus é.

Famosa é a imagem de Willy Brandt ao se pôr de joelhos diante do túmulo dos soldados poloneses que caíram durante a Segunda Guerra Mundial. Esse gesto curou mais feridas do que qualquer palavra de reconciliação, pois expressava comoção e abalo emocional. Brandt disse mais tarde que ele simplesmente sentiu algo dentro de si que o obrigou a ficar de joelhos. Na igreja costumamos nos ajoelhar porque a liturgia assim dispõe, mas quando nos ajoelhamos conscientemente, permitimos que Deus nos toque, que o levemos a sério e que Ele nos surpreenda.

Ficar de pé

O "ficar de pé" também é um gesto primordial da oração, encontrado em todos os povos. Na Bíblia, esta postura é muito indicada durante a oração.

Louvamos a Deus de pé, experienciando que Ele nos segura, que não vacilamos, e confessamos: "Plantou meus pés sobre o rochedo e firmou meus passos" (Sl 40,3). É uma postura de fé: "Se não acreditardes não permanecereis de pé" (Is 7,9). Nesse sentido, Paulo exorta os cristãos: "Permaneceis firmes na fé" (1Cor 16,13); "Permaneceis firmes no Senhor!" (Fl 4,1). Os primeiros cristãos experimentavam que haviam sido ressurrectos com Cristo e por isso podiam permanecer eretos. Na ressurreição, Deus nos ergueu e colocou nossos pés sobre uma rocha segura, de modo que nenhum adversário consegue nos derrubar; Ele nos deu uma nova dignidade, e a postura ereta é a participação no Senhor, na "graça em que nos mantemos" (Rm 5,2).

Podemos imaginar que somos uma árvore firmemente arraigada na terra, perfeitamente equilibrada, e o topo dela se desdobra em direção ao céu; essa é uma imagem primordial dessa postura. Quando ficamos de pé, experimentamos que somos filhos da terra, firmemente arraigados nela e, ao mesmo tempo, filhos do céu, abertos para aquilo que está acima de nós. E, assim, podemos imaginar que somos reis e rainhas, que possuímos uma dignidade inviolável; que estamos de pé diante de Deus, compartilhando de sua grandeza, de seu reinado.

Podemos imaginar como Deus nos vê; que estamos diante dele como seus parceiros, assumindo uma postura em relação a nós mesmos. A imagem de um Deus que nos contempla com benevolência nos vivifica e nos abre para o futuro. Estamos a sós dentro de nós, mas também diante de Deus, que nos vê como seus parceiros. Para completar, podemos estender nossas mãos com as palmas voltadas para a frente.

Sentar-se

Geralmente ficamos nessa posição quando meditamos ou ouvimos uma homilia. Nas formas de meditação do Oriente, como o zen ou a ioga, o sentar-se é minuciosamente descrito para se manter desperto e na postura ereta. Na tradição monástica essa postura igualmente tem grande importância. Uma das orientações é que o monge, durante a oração, deve sentar-se como que agarrado ao dorso de um tigre ou como sendo o timoneiro de um navio. Ou seja, a despeito de todas as turbulências internas ou externas, ele deve permanecer calmo.

A Bíblia indica diversos aspectos dessa postura. Por exemplo: nós nos sentamos para compartilhar uma refeição (Jz 19,6); "Cada qual ficará sentado debaixo de sua vinha e de sua figueira, e ninguém o inquietará" (Mq 4,4), como forma de convívio pacífico. Há passagens, porém, que ligam essa postura ao luto, solidão e angústia: Elias se senta à sombra de um junípero e deseja sua própria morte (1Rs 19,4); as pessoas se sentam para chorar e lamentar (Gn 21,16; Ne 1,4); ele se sentava sobre um monte de cinzas (Jó 2,8).

Outras passagens falam dessa postura simbolizando se assentar num trono. Sobre Deus, nós lemos que Ele "está assentado sobre os querubins" (1Sm 4,4). E muitas visões veem Deus assentado no trono (1Rs 22,19). Mas o ser humano também pode se assentar no trono: "Teu filho Salomão se assentará em meu trono" (1Rs 1,13). No Antigo Testamento, apenas o rei podia se assentar no trono. No Novo Testamento, Cristo promete isso a todos nós: "Vós que me seguistes também vos assentareis em doze tronos para governar as doze tribos de Israel" (Mt 19,28). Cristo é aquele que está assentado no trono. "Vereis o Filho do homem sentado à direita do Todo-poderoso" (Mt 26,64). E o Apocalipse fala de Cristo sempre como aquele que está assentado no trono (Ap 4,2; 4,9): "Àquele que está sentado no trono e ao Cordeiro, o louvor, a honra, a glória e o poder pelos séculos dos séculos" (Ap 5,13).

Durante a sua vida, Jesus costuma estar sentado quando instrui seus discípulos (Mt 5,1). E para nós, o sentar-se é uma postura de reflexão e de concentração no Senhor: "Maria, sentada aos pés do Senhor, escutava a sua palavra" (Lc 10,39).

Podemos exercitar três aspectos: (1) o sentar-se como assentar-se num trono, (2) ouvir e meditar e (3) sentar-se nas cinzas como sinal de luto e arrependimento. Podemos exercitar o sentar-se no chão (Jó sentou-se sobre cinzas), de joelhos retraídos, abraçando as pernas e apoiando o rosto nos joelhos. Nessa postura sentimos que dependemos da misericórdia de Deus.

O sentar-se como expressão física de concentração na Palavra de Deus, como meditação e imersão na presença dele pede outra postura: sentar-se em posição ereta. Durante a missa, quando sentamos concentrados e em posição ereta no banco da igreja, a Palavra de Deus parece cair mais facilmente no fundo do nosso ser. Ouvimos não só com os ouvidos e com a cabeça, mas com o coração, com todo o corpo. Assim, a Palavra de Deus pode nos atingir e transformar.

Outra variante dessa posição é assentar-se no trono. Mantemos conscientemente uma posição ereta e imaginamos que compartilhamos do domínio de Cristo sobre o mal, sobre a morte e sobre os inimigos de nossa alma. Sentados no trono, nos damos conta de nossa dignidade; somos filhos e filhas do rei, cheios de vida divina, impregnados com o Espírito divino. É a graça, e não o nosso desempenho, que nos permite sentar no trono; Deus nos levantou da poeira e nos colocou no trono. Quando praticamos esse gesto percebemos algo do mistério de nossa salvação e sentimos como isso nos faz bem, como nos vivenciamos de forma nova, em conexão com Deus. Percebemos algo da confiança que Cristo nos dá porque já participamos com Ele da vitória sobre tudo o que pode nos prejudicar.

Deitar-se no chão

Um gesto profundo de oração é a chamada *prostratio*: deitar-se no chão, espalmar as mãos no chão e apoiar a testa sobre o seu dorso. A liturgia reserva esse gesto para a ordenação de sacerdotes e de bispos. É também utilizado em mosteiros e no início da liturgia da Sexta-feira Santa.

Às vezes, nos cursos, peço que os participantes façam esse gesto, pois ele manifesta um profundo anseio por Deus. Antes, porém, cito o Sl 63,2: "Ó Deus, Tu és meu Deus; a ti procuro, minha alma tem sede de ti; todo o meu ser anseia por ti, como a terra ressequida, esgotada, sem água". As pessoas fazem experiências muito diferentes dele. Eis seus relatos: ele expressa minha impotência; não sei o que devo rezar; sinto-me incapaz de viver minha vida da forma como desejaria, mas ao mesmo tempo sinto-me carregado por Deus. Não é preciso fazer nada; basta ficar simplesmente na presença de Deus. Quando nos entregamos a essa postura, a impotência se transforma em aconchego; o desespero, em confiança; e a confusão, em clareza interior.

Eu costumo sugerir esse gesto em situações de sofrimento; quando uma pessoa amada faleceu e a dor impede de rezar; quando alguém sofre uma grande decepção etc. Ele nos leva a confiar inteiramente em Deus, que nos carrega em suas boas mãos. Em nossa impotência, deixamo-nos cair em Deus, refugiando-nos nele. Deitamos na poeira, mas ao mesmo tempo confiamos que Deus nos levantará dela. Esse gesto me faz lembrar do Sl 113,5-7: "Quem é como o SENHOR nosso Deus, que tem seu trono nas alturas e baixa seu olhar sobre o céu e a terra? Ele levanta do pó o desvalido, tira do lixo o pobre".

Curvar-se

Na Ásia, as pessoas se curvam quando se cumprimentam, expressando respeito e reverência. Na liturgia ele também é utilizado; nós nos curvamos diante do altar, diante da cruz, na oração. Mas esse gesto também pode ser utilizado em nossa oração pessoal. Assim, por exemplo, quando estou sentado na igreja, posso curvar a cabeça em sinal de reverência a Deus. Por um lado, posso me erguer na presença de Deus, que me levantou para que eu possa percorrer meu caminho. De outro, quando me curvo perante Deus, expresso a distância que existe entre nós; Deus é aquele totalmente diferente; eu me curvo na frente dele; Ele é maior.

Quando nós monges participamos das horas canônicas praticamos dois tipos de inclinação: a profunda, que é feita na recitação dos salmos, e a mediana, quando cantamos. De manhã, quando nos inclinamos profundamente após cada salmo, isso é um exercício intenso para mim; faz bem fisicamente, pois ativa a minha coluna. Com esse gesto, confessamos que Deus é incompreensível e infinito. A inclinação mediana durante os cantos nos me lembra que eles são praticados como uma forma de reverência a Deus. No mosteiro temos o costume de nos curvar sempre que o nome de Jesus Cristo é mencionado. Essa é uma inclinação menor, na qual curvamos apenas a cabeça.

As inclinações expressam o respeito por Deus e nos despertam para o ministério da oração, para o fato de que rezamos na presença de Deus. A inclinação também nos lembra da postura que Lucas atribui ao coletor de impostos, que não ousou elevar os olhos para o céu, permanecendo em uma postura inclinada e batendo contra o peito. Com isso ele manifestou que estava longe de realizar o potencial de sua natureza, percebendo a exorbitante diferença entre ele e Deus.

Colocar as mãos sobre o centro do peito

É uma postura de oração apropriada principalmente para o Tempo do Advento. O centro do peito é um local especialmente energético. Para mim, é o lugar em que entro em contato com meu anseio por amor e calor. Nessas ocasiões podem surgir anseios infantis, mas tento não me agarrar a eles, pois já existem dentro de mim.

Exercito esse gesto por ocasião das horas canônicas, quando o abade reza o Pai-nosso. Isso me ajuda a ouvir as palavras do Pai-nosso de outra maneira, experimentando o que Santo Agostinho disse a respeito dessa oração: quando rezamos "Venha a nós o vosso reino", essas palavras despertam em nós o anseio pelo Reino de Deus. Independentemente de rezarmos ou não o Reino de Deus virá, mas rezamos para que o nosso anseio pelo reino seja fortalecido. Quando rezo o Pai-nosso com as mãos sobre o centro do peito, ele se transforma em oração personalíssima, esquentando meu coração. Percebo o amor com o qual Jesus pronunciou essas palavras. Então a oração corresponde ao meu anseio mais profundo de ser impregnado com o Espírito de Deus e com o amor de Jesus.

Também faço esse gesto ao rezar a Oração de Jesus. Quando inspiro, recito as palavras: "Senhor Jesus Cristo", imaginando como o amor de Jesus inunda meu coração. Ao expirar, digo: "Filho de Deus, tem piedade de mim". Desse modo, o amor de Jesus se espalha por todo o meu corpo. O gesto das mãos deitadas sobre o centro do peito transforma a Oração de Jesus em uma oração muito pessoal e íntima; em uma oração emocional, não apenas intelectual. Não é à toa que os monges do Oriente também chamam a Oração de Jesus de Oração do Coração. Todas as orações que eu rezo nessa postura se transformam em orações do coração, pois abrem meu coração para Deus e preenchem meu coração com o anseio por Ele.

Cruzar os braços sobre o peito

Os primeiros cristãos viam Jesus na cruz como figura primordial do rezador. Na cruz, Ele abraça o mundo inteiro; abraça também em nós todas as contradições existentes em nosso interior. Por isso, é um gesto significativo de oração cruzar os braços sobre o peito, abraçando a si mesmo.

Essa é uma postura que me faz bem, pois estou completamente centrado, podendo abraçar todos os opostos dentro de mim. "Porque Cristo me abraça na cruz, eu abraço em mim o forte e o fraco, o saudável e o doente, o íntegro e o quebrado, o vivido e o não vivido, o bem-sucedido e o fracassado, a fé e a descrença, a confiança e o medo, a alegria e a tristeza, a luz e a sombra, o consciente e o inconsciente." Quando assumo essa postura na presença de Deus, estou totalmente concentrado, conseguindo me aceitar do jeito que sou e me tratando com carinho. Tenho consciência que Cristo me ama, me aceita e me abraça totalmente.

Ao mesmo tempo, essa postura é uma proteção para o espaço interior do silêncio; eu protejo o espaço do silêncio no fundo da minha alma, e nesse espaço interior do silêncio estou livre de todas as expectativas das outras pessoas. Lá, sou íntegro e são, as palavras das pessoas que me magoam não têm acesso a ele. Lá sou autêntico; todas as imagens que as pessoas projetam sobre mim se dissolvem. Sou totalmente eu mesmo, posso *ser*, sem ter de me justificar ou me provar. Lá, sou puro e claro, e os sentimentos de culpa não existem. Lá posso estar em casa comigo mesmo porque Deus, o mistério, habita em mim.

Também posso fazer esse gesto depois da Comunhão. Nesse caso, não abraço a mim mesmo, mas Cristo que está em mim. Igualmente sinto que sou abraçado por Cristo que, na Comunhão, se tornou um comigo e que penetra, ilumina e transforma todas as contradições dentro de mim com seu amor e sua luz.

Quando um monge faz seu juramento na ordem, ele primeiramente estende os braços e canta: *Suscipe me Domine secundum eloquium tuum et vivam* (Recebei-me, Senhor, segundo a vossa palavra, e viverei). Então se ajoelha, cruza os braços sobre o peito e canta: *Et ne confundas me ab exspectatione mea* (E não serei confundido em minha esperança). Esse gesto expressa a confiança de que Deus o acolhe e não o decepciona.

Cobrir o rosto com as mãos

Quando criança, aprendi na catequese de Primeira Eucaristia que deveria cobrir o rosto com as mãos após receber a Comunhão. E assim o fiz. Na época isso era considerado uma maneira de proteger o sagrado dentro de nós, e não queríamos que nada perturbasse nossa intimidade com Ele. Hoje em dia essa prática não é mais utilizada.

Às vezes, porém, observo pessoas ajoelhadas na igreja fazendo esse gesto, passando-me a ideia de concentração e que algo as faz sofrer. Com isso elas expressam sua incapacidade de ajudar a si mesmas, mas, ao mesmo tempo, a confiança de que Deus está com elas.

Às vezes, quando estou sozinho, experimento esse gesto. Então lembro-me de minha infância e da reverência com que recebi a Sagrada Comunhão na época. Também o considero um gesto de carinho; ao tocar o rosto com as mãos é como se eu acariciasse meu rosto, é como se eu buscasse refúgio em minhas mãos. Assim, imagino que Deus cobre meu rosto com as suas mãos, sentindo sua proximidade carinhosa. É um gesto de intimidade; estou sozinho com meu Deus; nada que venha de fora me perturba. Isso expressa o meu anseio de sentir fisicamente a proximidade de Deus na oração.

Elevar as mãos para a bênção

Um gesto de oração muito antigo, praticado há mais de 10 mil anos, é o da bênção, com as mãos levantadas e suas palmas voltadas para a frente. É interpretado de diferentes maneiras, de acordo com os povos e as religiões. Para os indígenas, por exemplo, as mãos levantadas têm o significado de deixar a luz do sol penetrar no coração da pessoa. Para esse povo o sol é uma representação de Deus, que ilumina a escuridão e esquenta a frieza do coração. Já os judeus ligam o gesto à bênção araônica – a mais antiga da Bíblia – que é usada ainda hoje nas celebrações judaicas e cristãs: "O SENHOR te abençoe e te guarde. O SENHOR faça brilhar sobre ti sua face e se compadeça de ti. O SENHOR volte para ti sua face e te dê a paz" (Nm 6,24-26). O gesto de levantar as mãos também pode ser lembrado também na ascenção do Senhor: "Levou-os em seguida até perto de Betânia. Ali, levantou as mãos e os abençoou. Enquanto os abençoava, separou-se deles e foi levado ao céu" (Lc 24,50s.).

Esse gesto da bênção se transformou em meu ritual matinal, que recomendo em meus cursos e palestras: elevo minhas mãos e penso nas pessoas que desejo abençoar (confrades, pessoas doentes etc.). Às vezes peço para as pessoas imaginarem como a bênção de Deus passa por suas mãos aos seus filhos e netos. Podemos igualmente deixar que a bênção flua nos espaços em que vivemos e trabalhamos. Quando fazemos isso nosso dia tem um início diferente, levando-nos a adotar uma nova postura em nosso ambiente; deixamos de encarar as pessoas como sendo *difíceis*, considerando-as pessoas *abençoadas*. Esse ritual também pode ser feito nos momentos que antecedem uma reunião, uma conversa, uma prova... inundando o ambiente com a bênção de Deus e nos tranquilizando.

O sinal da cruz

Os primeiros cristãos usavam esse sinal para expressar que o "amor de Jesus até o fim" impregna todos os membros do corpo e da alma humanos. Portanto, esse sinal tem como fundamento a cruz de Cristo, o auge de seu amor: "Tendo amado os seus que estavam no mundo, amou-os até o fim" (Jo 13,1). E na cruz Ele é glorificado porque demonstrou que o amor vence o ódio.

Explicação do gesto: com os dedos da mão direita tocamos a testa, para que o amor inunde nossa mente e tenhamos pensamentos de paz, e não da destruição. Muitas vezes, nossos pensamentos são dominados por emoções negativas de ódio, de ciúmes, de inveja. Necessitamos ter pensamentos de amor.

A seguir, levo os mesmos dedos à parte inferior da barriga. O "amor de Jesus até o fim" igualmente deve inundar nossa vitalidade e sexualidade. Tudo em nós deve ser dominado pelo amor; a força erótica precisa ser preenchida pelo amor, e não pela ganância.

Na sequência, movemos nossos dedos da mão direita sobre o ombro esquerdo. É uma maneira de pedir para que o amor de Jesus flua da cruz para o nosso inconsciente, para as imagens caóticas dos nossos sonhos, para as profundezas do nosso ser. O sinal da cruz nos liberta do medo do inconsciente, pois somos preenchidos pelo amor. O ombro esquerdo representa o nosso lado feminino, que também deve ser dominado pelo amor; por um amor que nutre, e não nos restringe. Esse lado igualmente representa o coração humano, necessitado de ser completado pelo amor de Jesus.

Finalmente tocamos o ombro direito, representante do nosso lado consciente e masculino. Assim, o amor deve impregnar a nossa consciência, dominando nossa porção masculina; nossas ações devem ser expressões do amor, e não satisfazer nosso desejo de poder.

No Ocidente é tradição vincular o sinal da cruz à fórmula trinitária: "Em nome do Pai e do Filho e do Espírito Santo", simbolizando nosso pedido para que o Deus trino nos toque e transforme. Os cristãos sírios ampliaram essa fórmula trinitária: "Em nome do Pai que nos imaginou e formou. E do Filho, que desceu para as profundezas da nossa humanidade. E do Espírito Santo, que transforma o esquerdo em direito". Essa fórmula expressa a essência da fé cristã. Deus, como Pai, é o Criador do mundo inteiro. É Ele que precisa orientar nossos pensamentos. Em sua encarnação, o Filho de Deus veio à terra, desceu também para o reino das sombras da nossa alma, para que também desçamos com Ele à profundidade de nosso ser. O Filho deseja nos libertar de todo medo inconsciente, tido como sombrio e demoníaco. Conheço pessoas que têm medo de ouvir as profundezas de sua alma porque suspeitam que nela está presente algo do maligno. Constantemente lhes digo: a cruz preencheu integralmente o ser humano. E o Espírito Santo tem a tarefa de unir as contradições que existem dentro de nós, impregnando e curando os nossos conflitos, fazendo-nos tornar mais próximos de Deus e dos nossos semelhantes.

5
A oração como encontro

A oração não pode ser resumida a uma *conversa* com Deus, mas essencialmente é um *encontro* com Ele. Assim, muitos não sabem o que e como devem rezar. A meu ver, ela acontece em quatro passos.

O primeiro passo é o encontro comigo mesmo. Eu me pergunto: "Quem sou eu, que agora entro na presença de Deus?" "Apresento apenas o meu lado piedoso ou tudo o que sou?" "Quem é essa pessoa singular dentro de mim?" "Sou apenas homem ou mulher, monge, marido ou esposa?" "A minha profissão é que me define?" "Qual é esse *self* que reza?" Não posso descrever o meu *self*, mas quando começo a rezar, eu deveria estar centrado em mim mesmo e primeiramente ouvir o que se passa em meu interior – a psicologia fala de diferentes aspectos de nossa personalidade. Eu deveria permitir que meu *self* verdadeiro, meu *self* mais íntimo se expressasse na oração.

O segundo passo é a pergunta: Quem é esse Deus que estou prestes a encontrar? Muitos começam a rezar imediatamente, mas geralmente não sabem a quem dirigem a sua oração. Não podemos responder à pergunta sobre Deus, mas ela nos obriga a questionar as imagens que temos dele – Deus é Pai e Mãe, Amigo, Senhor e Criador. Mas tudo o que eu posso dizer sobre Deus não passa de palavras e imagens. Quando rezo, eu deveria me conscientizar do fato de que estou dirigindo-me ao mistério incompreensível de Deus. Mas a oração é um encontro com um Tu; a despeito de toda a incompreensibilidade, Deus é uma Pessoa, um Tu ao qual eu rezo. Nesse sentido, só podemos pensar Deus em termos de opostos: Ele é pessoal e sobrepessoal; às vezes se revela nas formas de amor, força, verdade, beleza, fazendo-me perceber que estou diante de um Tu que me vê, que fala comigo, que me leva ao encontro de minha própria verdade.

O terceiro passo da oração é a conversa com Deus. Simplesmente posso manifestar-lhe tudo o que surge dentro de mim, não necessitando fazer uso de palavras clássicas. Tenho a possibilidade de manifestar-lhe por meio de palavras tudo o que me comove, preocupa etc. Ou também posso permanecer em silêncio em sua presença, permitindo que os meus pensamentos e sentimentos venham à tona, oferecendo-os a Ele. Muitas vezes não encontro palavras para descrever o que está dentro de mim. Então simplesmente lhe ofereço a minha verdade, imaginando que o seu amor inunda as profundezas da minha alma, a minha irritação, a minha decepção, a minha inveja, o meu medo, a minha tristeza, a minha impotência e as minhas angústias. A oração deseja impregnar tudo o que está dentro de mim com o amor de Deus.

Em determinadas ocasiões é salutar expressarmos em palavras o que está dentro de nós, e sugiro que os participantes de meus cursos se exercitem nisso, da seguinte maneira: sento-me em meu quarto durante mais ou menos meia hora e falo de/com Deus em voz alta, para que possa ouvir a minha própria voz: "O que desejo dizer a Deus?" "O que realmente está ocupando os meus pensamentos?" Quando ouço o que pronuncio é possível perceber que as minhas palavras são apenas chavões, que são vazias, e por isso não expressam a minha verdade. Falar em voz alta me obriga a, aos poucos, expressar em palavras aquilo que realmente me comove, que está no fundo da minha alma. Às vezes é possível perceber nessa dinâmica que não estou com vontade de rezar, que estou entediado. Então, posso expressar, também verbalmente, o meu tédio, a minha falta de vontade. Isso me leva cada vez mais para perto da minha verdade, e então eu a ofereço a Deus.

Para determinadas pessoas, a oração, no fundo, nada mais é do que um monólogo interior, e justificam essa opinião argumentando que na Antiguidade os gregos e os babilônicos já conheciam a "conversa com a alma própria". Porém há uma diferença entre uma conversa consigo mesmo e uma oração, que é dirigida a Deus. É provável que uma pessoa possa ser assaltada por dúvidas inquietantes a respeito do assunto oração: "Estou sentado diante de uma 'parede vazia'?" "Quem é esse Deus ao qual dirijo a minha palavra?" Nem sempre conseguimos identificar Deus quando estamos orando, mas devemos ter sempre em mente que um aspecto essencial da oração é o fato de elevarmos os olhos para um Tu que é maior do que nós. Igualmente, jamais devemos nos esquecer de que Deus, ao qual dirigimos nossa palavra, é totalmente diferente das imagens que possamos ter dele. Certa vez, ao ser perguntado sobre sua crença em Deus e por que rezava, C.G. Jung respondeu: "Eu sei que, aparentemente, estou diante de um alguém desconhecido, que – em *consenso omnium* – chamo 'Deus'. Penso nele e o invoco sempre que uso o seu nome, na ira ou no medo, e sempre que me escapa um: 'Meu Deus!' Isso acontece quando encontro alguém ou algo que é mais forte do que eu" (JUNG, 1973: 276). Deus não pode ser resumido a uma expressão inconsciente na qual entro em contato na oração; Ele é um Tu, alguém que está na minha frente, apesar de habitar dentro de mim.

Verdadeiramente, na oração nos dirijimos a Deus como aquele que nos confronta, questiona e nos deseja levar à nossa própria verdade. Nem sempre esse Tu é tão evidente quanto o tu de um amigo. No fim das contas, eu confio na sabedoria da minha alma; ela me diz que estou rezando na presença de Deus. Fiquei comovido quando, ao responder à pergunta pela sua fé, C.G. Jung fez a menção de um Deus pessoal: "Visto que a origem desse poder do destino se esquiva da minha influência, eu o chamo 'Deus'. Também o chamo de 'Deus pessoal', principalmente quando aquele poder se dirige a mim na forma de uma *vox Dei*, com a qual eu posso conversar" (JUNG, 1973: 276). Quando rezo, diferentemente de

Jung, não penso num poder do destino, mas em Deus, que, apesar de indescritível, é um Deus pessoal, um Tu com o qual eu converso.

O quarto passo da oração como encontro é o silêncio. Basta permanecermos sentados e em silêncio na presença de Deus, imaginando que Ele está olhando para nós e vice-versa. Isso basta! Estamos sentados em sua presença e cercados de seu amor; é um lindo sentimento e nos deixa aconchegados. Nessas ocasiões não precisamos dizer nada, fazer nada, provar nada; podemos simplesmente ser. Isso também nos liberta da obrigação de rezar bem. A oração em forma de silêncio é um simples existir, abrigado pelo amor de Deus.

Ficar em silêncio significa ouvir; paramos de falar para que Deus possa falar comigo. É claro que Ele não fala conosco à maneira humana, mas quando nos aquietamos, pensamentos começam a surgir em nós. Ele se comunica conosco por meio desses pensamentos.

Os monges fazem distinção dos pensamentos que vêm de Deus dos que vêm de demônios. Os pensamentos que vêm de Deus sempre geram vivacidade, liberdade, paz e amor. Já os pensamentos vindos dos demônios – ou, como diríamos hoje, do nosso próprio superego – provocam angústia, medo e estresse. No Profeta Isaías lemos: "Escutai-me e vivereis" (Is 55,3). Quando estamos atentos à voz de Deus, que, dentre outras formas, se manifesta em nosso interior por meio de impulso, nos sentimos participantes de seu Reino. E isso é o que realmente importa em nossa vida. Não ouvimos uma resposta verbalizada, mas a sentimos. Quando estamos atentos à voz de Deus conseguimos vislumbrar quem eu realmente sou e qual é o meu caminho neste mundo.

A oração fundamental dos judeus, que eles recitam repetidas vezes durante seu culto, é o *Shemá Israel*: "Ouve, Israel! O SENHOR nosso Deus é o único SENHOR. Amarás o SENHOR teu Deus com todo o coração, com toda a alma e com todas as forças" (Dt 6,4). Sua essência religiosa é o ouvir, e isso não é uma declaração dogmática, mas uma declaração de amor: "Deus basta" – uma experiência judaica manifestada por Santa Teresa de Ávila. Deus é o nosso único amante; Ele é singular para nós; diante dele todo o resto desaparece. Mas isso é algo que precisamos declarar constantemente, pois facilmente outras coisas podem passar a ocupar o primeiro plano. Nesse ato de ouvir, Israel se abre constantemente ao fundamento da existência; para o Deus que é único, que é a única realidade pela qual vale a pena viver e morrer.

A oração como silêncio também nos leva ao interior de nossa alma. Os monges dizem: Dentro de nós já existe um espaço do silêncio; não precisamos criá-lo. Muitas vezes, porém, estamos separados dele; pensamentos e preocupações podem soterrá-lo. A oração como silêncio pretende estabelecer um contato com esse espaço, onde podemos nos vivenciar de cinco maneiras diferentes: 1) Estou livre das expectativas e exigências das pessoas. 2) Sou são e íntegro. As palavras das pessoas que pretendem me ferir talvez ainda me atinjam emocionalmente, mas não conseguem invadir esse espaço interno. 3) Sou autêntico.

As imagens que os outros projetam sobre mim e as minhas próprias autoimagens se dissolvem. Simplesmente existo, sem quaisquer imagens. 4) Sou puro e claro. Os sentimentos de culpa não têm acesso a esse espaço interno. 5) Naquele lugar, no qual habita o mistério de Deus, posso me sentir em casa comigo mesmo.

Assim, a oração como silêncio nos leva até Deus *e também* ao encontro conosco, com o nosso *self* verdadeiro.

6
Orações formuladas pela tradição

Em todas as religiões existe a oração espontânea e as orações formuladas, para serem repetidas. Muitas vezes essas orações têm forma poética. Não devemos contrapor um tipo de oração ao outro; precisamos de ambas.

O próprio Jesus deu aos discípulos uma oração pré-formulada: o Pai-nosso. Quando seus seguidores a recitarem estarão rezando no Espírito de Jesus e entrarão em contato com Deus e com o sentido verdadeiro de sua vida. Essas palavras abrem seu espírito para Deus. Mas o importante é rezá-las de todo o coração, e não apenas repeti-las. O mestre disse a seus discípulos: "E quando orardes, não faleis muitas palavras, como os pagãos. Eles pensam que serão ouvidos por causa das muitas palavras. Não os imiteis, pois o Pai já sabe de vossas necessidades antes mesmo de pedirdes" (Mt 6,7-9). E então lhes ensinou o Pai-nosso, que também serve de diretriz para todas as nossas orações pessoais. O objetivo de nossas orações sempre deverá ser para que Deus entre em nossa vida, transformando-a com o seu amor e o seu Espírito.

Geralmente rezamos comunitariamente algumas orações básicas: Pai-nosso, Ave-Maria, Glória-ao-Pai e Anjo-do-Senhor. Há pessoas que não dão muita importância a elas porque já foram rezadas milhões de vezes e quase automaticamente. Mas, para mim, elas têm muita importância. É preciso imergir na riqueza de suas palavras e transformá-las em oração pessoal. Elas podem parecer antiquadas, mas trazem a rica experiência da multidão de cristãos que as rezaram. Estão repletas da força de fé deles, que encontraram em suas palavras apoio e sustento em tempos de crise. Quando rezo essas palavras compartilho a mesma força de fé de nossos ancestrais na fé.

Pai-nosso

O Pai-nosso que rezamos não é a oração que Lucas transmitiu, mas a que Mateus inseriu no Sermão da Montanha. Farei uma breve interpretação da oração e mostrarei como podemos rezá-la nos dias de hoje.

Em Mateus, a primeira afirmação já se reveste de grande importância: "Pai nosso"; ou seja, não invocamos a Deus apenas pessoalmente, mas de forma coletiva e solidária, pois Ele é Deus de todas as pessoas e está "nos céus". Por isso elevamos nossos olhos ao céu.

Os dois primeiros pedidos são iguais nos dois evangelhos. Neles, Jesus deseja que Deus se torne o centro de nossa vida e que venha o seu reino, pessoal e coletivamente. Ele é quem deve governar o mundo, e não os poderosos. Depois dessas petições, lemos em Mateus: "Seja feita a vossa vontade, assim na terra como no céu". Podemos pedir tudo o que consideramos importante para nós, mas a seguir declaramos: "Seja feita a vossa vontade!" Para determinadas pessoas é difícil pronunciar essas palavras, principalmente, por exemplo, quando perderam um ente querido, depois de rezar intensamente por ele. Mas a vontade de Deus não é, finalmente, algo estranho para nós, correspondendo à nossa essência. Ou seja, que aconteça para nós – não obstante aos golpes da vida – aquilo que possa nos levar ao nosso verdadeiro *self*. Mas o pedido feito em Mateus ainda tem outro significado. Colocada no centro do Sermão da Montanha, essa oração pede para que cumpramos a proposta de Jesus; para que, por nossas ações, realizemos a vontade de Deus na terra. Esse pedido, portanto, é a resposta às seis antíteses nas quais Jesus nos sugere novos modos de conduta, soluções criativas para reagir aos conflitos. Sem a oração – assim diz Mateus – não poderíamos cumprir o Sermão da Montanha; seríamos moralmente incapazes para isso. Por outro lado, nossa oração deve ser consequente; ela precisa se expressar num novo tipo de conduta. Para Mateus, o Pai-nosso já expressa a unidade do *ora et labora*, de luta e contemplação, de misticismo e política.

Em Mateus, o pedido do pão de cada dia é semelhante à oração encontrada em Lucas. Já em relação ao perdão, há diferença na oração apresentada pelos dois evangelistas. Em vez de *pecado* Mateus fala de *dívida*.

Pedimos para que nossas dívidas sejam perdoadas, pois perdoamos aqueles que nos deviam algo. A oração precisa ser precedida de nossa conduta; só devemos pedir perdão após termos perdoado. Em Lucas, a ordem é invertida: pedimos o perdão de Deus para que também sejamos capazes de perdoar. Ao rezamos o Pai-nosso podemos reunir os dois sentidos, de Mateus e de Lucas. Ambos os aspectos são importantes: nossa disposição de perdoar e o fato de já termos perdoado.

Ao pedido de proteção da tentação, Mateus acrescenta: "mas livrai-nos do mal" (Mt 6,13). Esse evangelista conhece o poder do mal no mundo e pede para que Deus nos proteja. A palavra grega *sozein*, que encontramos nesse texto, tem o significado de salvar, socorrer, curar e proteger. Que Deus proteja o nosso *self*, para que não seja atingido e ofuscado pelo mal.

Quando rezamos o Pai-nosso podemos imaginar como os nossos pais, avós, bisavós ou pessoas que conhecemos e que agora estão com Deus rezaram essas palavras. Assim, participamos de sua experiência de fé. Pessoalmente, nessas ocasiões sempre me lembro do meu pai, que amava essa oração. Depois da guerra, ela o salvou em situações angustiantes, como, por exemplo, a crise financeira provocada pela falência de sua loja, ou a injustiça que ele sofrera. Às vezes, ainda pareço ouvir sua voz pronunciando essas palavras. Também lembro-me da voz da minha mãe rezando essa oração; era uma vibração de confiança. Assim, eu era nutrido da esperança de que tudo ficaria bem. Ao rezar o Pai-nosso durante a celebração eucarística, imagino como meus pais e confrades, dos quais me lembro com saudades, agora rezam essa oração como pessoas que tudo veem, enquanto eu a rezo ainda como ser humano que busca, duvida e crê e, às vezes, como homem desconcentrado ou vazio. O Pai-nosso estabelece um elo entre o céu e a terra, entre nós vivos e os falecidos, que agora experimentam o cumprimento dessa oração.

Ave-Maria

Muitas vezes rezamos essa oração após o Pai-nosso. A primeira parte dela é tirada de Lc 1,28, quando o anjo se dirige a Maria: "Alegra-te, cheia de graça, o Senhor está contigo!" Logo depois vem as palavras de Isabel, quando Maria foi visitá-la: "Bendita és tu entre as mulheres, e bendito é o fruto do teu ventre!" (Lc 1,42). Quando pronunciamos essas palavras não precisamos pensar somente em Maria, mas também em todos nós. Certamente Nossa Senhora é um grandioso exemplo, mas as palavras do anjo e as de Isabel se dirigem igualmente a cada um de nós: somos cheios de graça. Deus é conosco. Nós somos benditos, e bendito é o fruto que traz não só o nosso corpo, mas também a nossa alma. Bendito seja tudo o que é feito por nossas mãos. Ao pronunciarmos essas palavras entramos em contato como a fé de Maria e com a sua crença nas palavras do anjo. Rezamos essas palavras para que tenhamos sempre mais confiança naquilo que Deus nos confia.

Depois dessas palavras extraídas da Bíblia a oração traz uma petição: "Santa Maria, Mãe de Deus, rogai por nós, pecadores, agora e na hora de nossa morte. Amém". Essa parte parece pessimista, mas há compositores que a transformaram em uma melodia de confiança. Conheci pessoas idosas – minha mãe, por exemplo – que utilizavam essas palavras para desenvolverem sua confiança, que lhes permitia não terem medo nem mesmo da morte. Outros veem nessa petição um exercício para uma boa morte, eliminando o medo dela. Fizeram a experiência de que, como no nascimento, a morte tem a ver com a mãe; que na morte voltaremos para os braços maternos de Deus.

Geralmente quando rezamos essa oração por outras pessoas não refletimos em suas palavras; recitamos as palavras e pensamos nas pessoas pelas quais estamos rezando. Isso gera uma atmosfera maternal. À luz da Ave-Maria experimentamos um Deus maternal que cuida de nós como uma mãe boa e compreensiva. Às vezes, ao rezar essa oração, lembro-me das maravilhosas composições, inspiradas nela, de Bach, Gounod, Schubert etc. Também imagino os milhares de homens e mulheres que, ao rezarem essas palavras, experimentaram amor e confiança na vida e que rezaram essa oração para outros. Era uma maneira de pensar nos outros e de pedir a bênção de Deus para eles.

Santo rosário

Em muitas religiões existem "cordões de oração". Por exemplo, no hinduísmo, no budismo e no islã, que conhece o cordão de 99 pérolas. Rezar utilizando esse dispositivo facilita a meditação, ajuda na concentração e impõe um ritmo constante à oração. Assim, seguramos o rosário ou o cordão de oração e rezamos a mesma oração pérola após pérola, para, assim, alcançarmos tranquilidade e a presença sempre maior de Deus em nossa vida.

O início do "rosário" remete a uma lenda do século XIII. Segundo ela, um homem costumava adornar uma estátua de Maria com uma guirlanda de rosas. Certo dia, Maria lhe apareceu e disse que existe um "rosário" que a alegraria muito mais do que um ornamento de flores. Esse "rosário" seria a repetição de cinquenta Ave-
-Marias, que seriam transformadas em rosas e a Mãe de Deus faria delas uma maravilhosa guirlanda. Na tradição da Igreja, as rosas simbolizam Maria.

A oração do rosário surgiu nos monastérios cistercienses. Muitos frades leigos não entendiam os salmos recitados em latim. Por isso, em seu lugar eles rezavam uma Ave-Maria. Os cistercienses passaram a ligar a Ave-Maria a uma sentença da vida de Jesus. Assim, o rosário se transformou em uma meditação sobre a vida de Jesus; as pessoas contemplavam a vida do Salvador com os olhos de Maria. O rosário é dividido em três mistérios: 1) o mistério gozoso, que abarca a vida de

Jesus desde a sua concepção e seu nascimento até sua infância e sua visita ao templo aos doze anos de idade; 2) o mistério doloroso, que contempla a paixão e a morte de Jesus até a crucificação; 3) o mistério glorioso, que abarca a ressurreição de Jesus, sua ascensão, Pentecostes, a assunção de Maria e sua coroação como rainha. A estrutura do rosário tem esta sequência: um Pai-nosso, dez Ave-Marias com a contemplação de um mistério e um Glória-ao-Pai.

Em idade já avançada minha mãe costumava rezar diariamente dois rosários pelos seus filhos e netos. Quando pensava em Maria e no destino de Jesus, ela contemplava seus filhos e netos com olhos cheios de confiança e de esperança. Quando rezamos por outra pessoa nem sempre conseguimos utilizar palavras novas. Já o rosário é uma boa maneira de rezar pelos outros, pois pensamos neles em oração e geramos uma nova esperança para sua vida. No rosário experimentamos que somos cheios de graça e benditos, sendo uma bênção para os outros, e nossos medos se dissolvem nessa oração.

O Anjo-do-Senhor

Desde o século XIV os cristãos rezam essa oração três vezes ao dia: pela manhã, ao meio-dia e à noite, sendo uma espécie de "liturgia popular". Os padres e monges também interrompiam as atividades diárias para rezarem (horas canônicas). Antigamente, quando os sinos tocavam, os cristãos faziam uma pausa para rezarem.

Neste mundo secular, o som dos sinos lembram as pessoas da fonte verdadeira que as sustenta. Elas vivenciam que algo diferente irrompe em seu mundo: Deus enviou seu Filho para o nosso dia a dia.

O Anjo-do-Senhor é uma oração meditativa dos evangelhos de Lucas e João e se desdobra em três passos:

Primeiro passo: "O Anjo do Senhor anunciou a Maria. E ela concebeu do Espírito Santo". Deus age na vida de Maria e deseja agir também na nossa. Ele nos envia seu anjo com a mensagem de que nós também recebemos do Espírito Santo; que em nós também pode surgir algo novo, um novo modo de ver a própria vida.

Segundo passo: "Maria disse: 'Eis aqui a escrava do Senhor. Faça-se em mim segundo a vossa palavra'". Maria responde à mensagem de Deus anunciada pelo anjo. Da mesma forma devemos responder diariamente àquilo que Deus nos propõe hoje. À semelhança de Maria devemos dizer sim à vida, como ela é. Agindo assim, nossas perspectivas se transformam; nos dispomos a aceitar a vontade de Deus, mesmo quando não a entendemos; nos exercitamos em dizer sim àquilo que enfrentamos no dia de hoje.

Terceiro passo: "E o Verbo se fez carne, e habitou entre nós". Aqui meditamos sobre Jo 1,14, lembrando-nos do mistério central de nossa salvação. Deus se tornou homem. Agora Ele está no nosso meio, onde nós estamos, permanece em nosso cotidiano. Ao rezar pela manhã essa oração nos abastecemos da confiança de que Deus nos acompanhará durante todo o dia. Já ao meio-dia, ao rezá-la, rememoramos que Deus deseja estar conosco, também em meio às turbulências e correrias. E, finalmente, à noite, essa oração nos robustece da confiança de que Deus vive em nós e que podemos nos deixar cair em suas mãos bondosas.

Cada um desses três passos é ligado à "Ave-Maria", recordando o mistério da nossa salvação. Meditamos com o coração de Maria sobre aquilo que Deus fez e faz por nós. Contemplamos nossa vida com os olhos de Maria e reconhecemos que Deus se dirige também a nós, que Ele nunca se cansa de enviar seu anjo para nos dar impulsos internos e conseguirmos lidar com a vida. A confiança de Maria pretende fortalecer a nossa confiança, para que a nossa vida também seja bem-sucedida, mesmo quando não sabemos como agir diante dos desafios cotidianos.

Glória-ao-Pai

São Bento encorajava os monges a rezarem após cada salmo: "Glória ao Pai, ao Filho e ao Espírito Santo. Assim como era no princípio, agora e sempre", e se curvarem diante do Deus trino. Ainda hoje rezamos essa oração após um salmo, mas também rezamos o rosário. No Glória-ao-Pai não pedimos por nada. É uma oração de louvor que coloca o Deus trino no centro. Com essas palavras afirmamos que o objetivo de toda oração é dar glória a Deus e confessamos que isso foi assim no princípio da humanidade e que assim será por toda a eternidade. Com essa oração entoamos o cântico de louvor de todas as pessoas que, desde o princípio, olharam para Deus e o louvaram com sua oração e seu sacrifício. Nós nos sentimos como elos da história da humanidade, que teve seu início em Adão.

Laudes

Uma antiga oração matinal da Igreja Síria diz o seguinte: "Ao amanhecer, nós te louvamos, Senhor; pois Tu és o redentor de toda a criação. Dá-nos, em tua misericórdia, um bom dia repleto de tua paz. Não permitas que a nossa esperança fracasse. Não te ocultes de nós. Em teu amor, tu nos carregas; não desistas de nós. Somente tu conheces nossa fraqueza. Ó Deus, não nos abandone".

É salutar iniciarmos o nosso dia pedindo a Deus a sua bênção para todo aquele dia e para tudo o que nele nos aguarda, e a oração do parágrafo anterior é perfeita para isso. Nela, elevamos nossos olhos para Deus e o louvamos, porque Ele é o nosso redentor e criador. Também lhe pedimos um dia bom e repleto de paz, confiando que Ele não permitirá que fracassemos em nossa confiança. Finalmente, pedimos-lhe para não se ocultar de nós.

Quem não souber o que dizer em sua oração matinal poderá se apoiar nessa oração. Quando ela é rezada em voz alta, o dia ganha novo colorido, aumentando em quem reza a confiança de que Deus a acompanha e que seu amor a sustenta e a protege de todo o mal.

Certa vez, minha irmã ficou profundamente como-vida quando nossa mãe lhe mostrou esta oração que ela rezava todas as manhãs: "Eu te agradeço por este dia. Faze com que eu o leve a sério: as tarefas que me desafiam, as pessoas que encontro, as experiências que ele traz, as dores que me acometem. Faz com que eu permaneça livre, mesmo quando mil coisas exigem a minha atenção. Permite que eu fique tranquila, mesmo quando eu não souber como dar conta de todo o trabalho. Quero ser grata por tudo, mesmo se este dia me trouxer dificuldades". Minha irmã pôde comprovar o que essa oração diária causou na vida de nossa mãe.

Todos os dias ela se esforçava para dizer sim a tudo o que a esperava. Essas palavras, que ela decorou, permitiram-lhe vivenciar cada dia como um desafio, convivendo com as pessoas e enfrentando o cotidiano com o coração aberto. A tranquilidade que ela possuía em idade avançada era fruto dessa oração diária.

Oração à mesa

Em todas as culturas há o costume de rezar à mesa. Os judeus iniciam sua oração com um louvor a Deus, agradecendo-lhe pelas boas dádivas. Já o budista não reza a Deus, mas antes da refeição, expressa desejos com a fórmula: "Que esta comida nos fortaleça. Bendito seja aquele que preparou a nossa comida". A oração à mesa nos mostra que a comida não serve apenas para matar a nossa fome; é uma refeição. A palavra alemã para refeição, *Mahl*, possui a mesma raiz de *medicus*: médico. Ou seja, o tempo que passamos comendo juntos é algo que nos cura. A oração à mesa, que facilmente pode se transformar em rotina, transmite-nos o significado de desfrutar das boas dádivas de Deus, de disponibilizar de tempo para celebrar a refeição com outros como algo que nos fortalece e contribui para a nossa saúde. Sempre rezávamos em nossa família: "Ó Deus, de quem recebemos tudo, nós te agradecemos por estas dádivas. Tu nos alimentas porque nos amas. Abençoa aquilo que tu nos dás". É uma oração que abre nossos olhos para aquilo que fazemos, sendo gratos pelas dádivas que podemos desfrutar. Experimentamos que essas dádivas são uma expressão do amor de Deus, e pedimos que Ele as abençoe. Hoje em dia, diante da refeição, há pessoas que se concentram em analisar se ela é saudável ou se nela existem substâncias químicas. Quando abençoamos a comida podemos confiar que ela nos servirá como bênção; que ela será boa para a nossa saúde.

A família de minha irmã reza à mesa uma oração muito comum na Alemanha: "Vem, Senhor Jesus, e sê nosso convidado. Abençoa tudo o que nos destes". Nessa oração também se trata de pedir a Deus para que Ele abençoe tudo o que nos concedeu, e de rememorarmos que não comemos sozinhos. Nossas refeições devem recordar das refeições que Jesus teve com seus discípulos, como também com os fariseus, os coletores de impostos e os pecadores.

Jesus está entre nós; por isso, nossas conversas devem corresponder ao seu Espírito. Já a oração à mesa confere uma forma saudável às nossas refeições, pois as colocamos sob a bênção de Deus. Entendemos que elas têm um componente sagrado. Por isso, apenas ingerir comida não nos faz bem. Esse gesto apenas preenche nosso estômago, mas não nos permite desfrutar com gratidão todas as dádivas divinas.

Vésperas

Em encontros que participo costumo encerrar a noite com um ritual: ou estendemos nossas mãos para Deus ou cruzamos os braços sobre o peito. Então convido os participantes a sentirem o espaço interior do silêncio e, nesse clima, faço uma antiga oração, que já tem mais de 1.600 anos. Eu apenas a reformulei um pouco: "Senhor, entra nesta casa. Que teus santos anjos habitem nela, fazendo-nos permanecer em paz. E que tua bênção santa sempre esteja sobre nós, ao redor de nós e dentro de nós. Isso te pedimos por meio de Cristo, nosso Senhor. Amém". Faço uma introdução a essa oração com esses termos: "Estas palavras foram enriquecidas por muitas experiências de segurança e proteção, que os rezadores vivenciaram à noite ao longo de 1.600 anos. Podemos imaginar que não estamos rezando sozinhos, e que muitas pessoas nos dizem: 'Você não está sozinho. Nós estamos com você. Nós o apoiamos. Sua vida também será bem-sucedida'".

Depois muitas pessoas me perguntam onde poderiam encontrar essa oração. Até mesmo numa cidade tão secularizada como Berlim as pessoas me fizeram essa pergunta, pois sentiram que essas palavras antigas dão paz e fortalecem a confiança no fim do dia. Antigamente essa oração era rezada no fim das vésperas. Evidentemente, ela ainda nos comove e toca nosso coração pois expressa que não estamos sozinhos nessa noite, e que Cristo está conosco. Sim, Ele não entra apenas em nossa casa física, mas também em nossa casa interior, em nossa alma; Ele nos visita assim como visitou os discípulos de Emaús, passando a noite com eles.

Essa oração igualmente menciona os anjos, pois antigamente muito se falava e rezava sobre a proteção que eles exercem na vida das pessoas. Os anjos de Deus podem estar ao nosso redor, mas igualmente podem habitar em nosso interior, nos guardando e protegendo. O desejo de proteção durante a noite é um anseio primordial. Queremos ser protegidos não só de assaltantes, mas também dos poderes sombrios e maus que querem invadir a nossa casa interior. Pedimos aos anjos para nos protegerem de sonhos que nos confundem e paralisam; para ficarem conosco durante os nossos sonhos, garantindo que Deus nos fale nessas ocasiões. Invocamos a bênção de Deus como companheira e guarda; que ela possa estar ao nosso redor como um manto que protege e aquece; e que possa estar dentro de nós para que possamos levá-la às outras pessoas.

Existem, é claro, muitas outras orações que nos ajudam a encerrar o dia de forma positiva. Apenas cito uma oração de Alcuíno, que, na era de Carlos Magno, influenciou a educação dos alemães: "Tua paz do céu, Senhor, nos dá, e tua paz permaneça em nosso coração, para que nela durmamos e acordemos em ti; para que não temamos os terrores da noite". Essa oração tranquiliza os nossos medos e nos dá a confiança para cairmos nas boas mãos de Deus quando nos deitamos.

7
A oração comunitária
A experiência dos primeiros cristãos

Até agora só discorremos sobre oração pessoal. Nós monges, porém, rezamos diariamente três horas em conjunto. E, aos domingos a comunidade monástica se reúne para a celebração eucarística. Existem muitas formas comunitárias de oração. O Evangelista São Lucas descreve em Atos dos Apóstolos como a comunidade primitiva rezava em grupo. A oração comunitária era, por assim dizer, a vida da Igreja primitiva. Lucas menciona 25 vezes esse tipo de oração. Assim, quero aplicar seu ensinamento aos dias de hoje. Analisarei oito aspectos da oração que chamaram minha atenção durante a leitura dos Atos dos Apóstolos.

Fundamento da assembleia cristã

Ao descrever a assembleia cristã, Lucas a categoriza como uma comunidade em oração. Depois da ascensão de Jesus, os apóstolos permaneceram em oração, aguardando a vinda do Espírito Santo (At 1,14). Depois de pentecostes, "todos os dias se reuniam, unânimes, no Templo. Partiam o pão nas casas e comiam com alegria e simplicidade de coração. Louvavam a Deus e gozavam da simpatia de todo o povo" (At 2,46s.). A despeito de toda perseguição externa e de todos os conflitos internos, a assembleia encontrou apoio e proteção na oração, pois sabia que estava sendo sustentada por Deus, que Jesus estava em seu meio. Assim, todos nós cristãos podemos vivenciar que o Reino de Deus já chegou; jovens e idosos, pobres e ricos, homens e mulheres, unidos em oração podemos construir uma comunidade que desconhece fronteiras; as diferentes opiniões dentro da Igreja passam a não ter tanta importância. Quando os cristãos rezam uns com os outros experimentam união, a despeito de todos os conflitos internos e externos. E nessa união eles podem perceber sua identidade cristã dentro de um mundo incrédulo. Esse tipo de experiência de união faz bem às pessoas, fazendo-as ser sustentadas pela oração da comunidade e queridas pelo povo. Quando uma assembleia reza com piedade exagerada ou se coloca acima dos outros, a oração comunitária costuma provocar rejeição. Já a oração da Igreja primitiva é um desafio de como rezar nos dias atuais, para que atraia e não repugne as pessoas de fora.

Intercessão por outros

Os discípulos sempre rezavam quando enviavam alguém para determinado serviço. Os apóstolos rezavam pelos diáconos e lhes impunham as mãos para que cumprissem bem o seu ministério (At 6,6). Também rezaram por Paulo e Barnabé antes de enviá-los em sua missão de servir a outras comunidades (At 13,3). Pedro e João rezaram pelos cristãos da Samaria, pedindo que eles recebessem o Espírito Santo (At 8,15). Os discípulos sempre rezavam por alguém que estivesse doente ou passando por necessidades. Assim, a oração os capacitava a curar os enfermos (At 3,1) ou a trazer Tabita de volta à vida (At 9,40). A comunidade rezou por Pedro quando ele se encontrava na prisão, e a oração possibilitou Deus enviar um anjo para libertá-lo (At 12,5). Lucas não se cansa de dizer que devemos rezar por outras pessoas.

A oração por outros não deve substituir nosso empenho prático por eles, mas fortalece nossa ação, abençoando-a. A cura sempre é um milagre; ela nos dá a confiança e a esperança para apoiar a atuação do médico e do terapeuta por meio da nossa oração, que é a expressão do amor por outras pessoas e do nosso vínculo com elas. É na oração que também podemos experimentar que Deus age ainda hoje, que Ele cura nossas feridas, nos liberta de nossas amarras e nos tira da prisão. Para os primeiros cristãos, a oração comunitária era uma força curadora e libertadora; nela os cristãos não se sentiam impotentes diante da hostilidade, mas confiantes na ajuda de Deus. Isso lhes dava esperança em um mundo que não os aceitava.

Na oração comunitária os cristãos experimentavam a comunhão também com os que não estavam presentes. Quando os cristãos rezam pelos irmãos e pelas irmãs ausentes, eles os acolhem em sua comunhão. A despeito da distância, sentem-se emocionalmente conectados. Ainda hoje, a oração feita comunitariamente por outros é uma forma de criar uma rede comum neste mundo anônimo, não deixando ninguém perecer. Assim, quando rezamos e pensamos nos marginalizados e excluídos fazemos um gesto de acolhida deles pela comunidade.

Comunhão também na despedida e separação

Lucas descreve de forma comovente como Paulo se despede das Igrejas de Éfeso e Mileto. "Após estas palavras, ajoelhou-se com todos e rezou. Então todos prorromperam num grande pranto; e, lançando-se ao pescoço de Paulo, o beijavam" (At 20,36s.). Na oração, eles se despedem de Paulo, mas também nela eles continuam unidos e conectados com o Apóstolo. Isso é uma imagem maravilhosa também para nós, pois muitos têm muita dificuldade de se despedirem de pessoas queridas. A oração é o canal no qual podemos nos sentir conectados com o amigo, a amiga, o cônjuge, os filhos que vivem longe de nós. A título de exemplo cito um executivo que teve de passar uma semana longe de sua família. Ele me contou que a oração matinal e vespertina por ela lhe deu um sentimento de profunda conexão. Igualmente, a oração é canal para nos sentirmos próximos das pessoas que se despediram de nós pela morte. Ao rezarmos o Pai-nosso podemos nos lembrar que os falecidos também o rezaram, que eles utilizaram essa oração para expressarem sua fé e seus anseios. Assim, a oração nos possibilita ficar conectados àqueles que recitam essas palavras no céu.

Quando dizemos a uma pessoa que se despede de nós: "Rezaremos por você", isso não são palavras vazias. Transmitimos àquela pessoa a certeza de que ela continuará fazendo parte de nossa comunidade. Nós não a seguramos, mas a deixamos partir. Porém, ela sabe que, juntos, pensamos nela em oração e que continuará em nosso meio. Isso facilita a despedida. Mesmo que essa pessoa prossiga sozinha em seu caminho, se sentirá sustentada pela comunidade que reza por ela.

Comunhão para além das fronteiras religiosas

Lucas fala não só da oração dos cristãos, mas também da oração dos gentios. Cornélio, um capitão romano, leva uma vida piedosa e com temor a Deus. Ele "rezava constantemente" (At 10,2). Ao mesmo tempo em que Cornélio rezava a Deus, Pedro também sobe ao telhado da casa e reza (At 10,9). Em uma visão, ele é instruído a visitar o gentio. Depois dessa visão, quando alguns homens lhe pediram para que fosse visitar o capitão, ele se mostrou prontamente disposto. A oração o fez vivenciar a comunhão com todas as pessoas, também com aquelas que não pertenciam à religião judaica.

Paulo perseguia os cristãos, e, em oração, Ananias percebeu que deveria procurá-lo. Mas o Senhor lhe disse: "Paulo está rezando neste momento" (At 9,11). A oração une todas as pessoas, amigos e inimigos, as de diferentes confissões e religiões. Ela gera comunidade, a despeito de todas as diferenças; é o canal no qual experimentamos o verdadeiro espírito ecumênico. Nela podemos superar a inimizade, aproximando as pessoas; quanto mais rezamos no Espírito de Jesus, mais barreiras afastamos entre as pessoas e as religiões. Quando Pedro, o judeu cristão, reza com Cornélio, o gentio, não exige que este pense exatamente como ele; reza com ele porque Deus o encorajou para isso, e o Espírito Santo desce sobre ambos. Os judeus se admiraram diante do fato de que "o dom do Espírito Santo tinha sido derramado também sobre os pagãos. De fato ouviam-nos falar em línguas estranhas e glorificar a Deus" (At 10,45s.). A oração comunitária resulta de uma experiência comum: judeus e gentios se abrem à ação do Espírito Santo, ao Mistério. Eles não passaram a ter o mesmo credo, mas fizeram a mesma experiência de estarem abertos ao Mistério que é maior do que eles, e, assim, cada um o interpretou de seu jeito e em sua própria língua. Essa experiência nos une, a despeito de todas as diferenças entre religiões e ideologias.

Rezar em horários específicos

Lucas nos conta que os discípulos iam rezar no templo nos horários habituais dos judeus (At 3,1; 10,9). Já a Didaquê, um catecismo do cristianismo primitivo, escrita no final do século I, encoraja os cristãos a rezarem o Pai-nosso três vezes ao dia. Por sua vez, os monges adotaram os horários de oração dos judeus e os multiplicaram. São Bento prescreve sete horários, sendo que o número sete tem o significado de transformação. Nesse sentido, a oração comunitária feita sete vezes ao dia pretende transformar os monges cada vez mais e preenchê-los com o Espírito de Jesus. Esses horários sagrados expressam que nosso tempo pertence a Deus e que todos os momentos são sagrados.

A oração em horários específicos pretende nos mostrar que devemos rezar sem cessar, como escreve Paulo em 1Ts 5,17. Ao estabelecermos horários determinados para a prática da oração garantimos que nenhum dia passe sem ela, sendo santificado. Esses horários transformam todo o tempo em tempo sagrado, em um tempo agradável, em um tempo de graça. Não vivenciamos o tempo como *chronos*, como tempo que nos devora, mas como *kairós*, como tempo que nos foi dado por Deus, como tempo em que somos totalmente nós mesmos.

Muitos hóspedes do mosteiro me perguntam se as cinco orações diárias não são um fardo para mim. Sempre respondo que eu gosto dos horários de oração, pois eles interrompem meu dia de trabalho e me dão a sensação de que cada momento está nas mãos de Deus. Meu confrade David Steindl Rast chama as horas em que rezamos de "anjos que encontramos em determinados momentos no decorrer do dia". Os anjos das horas específicas nos lembram que cada hora tem sua própria qualidade, seu próprio mistério. Assim, os horários de oração fixos nos lembram que Deus está presente a todo momento, nos ajudando a entrar em sua presença. Eles ajudam a nos concentrarmos sempre de novo e a nos colocarmos na presença de Deus para que, diante dele, encontremos a nós mesmos, o nosso centro. Assim, poderemos moldar nosso dia a partir de Deus, e não como escravos da pressão externa, à qual nos vemos expostos em nosso trabalho.

É claro que os horários de oração não podem ser transformados em desempenho que precisa ser alcançado; determinados monges acreditam ser piedosos porque sempre participam das orações comunitárias. Essas horas canônicas querem nos ensinar a orar a qualquer hora. Uma compreensão superficial delas se expressa na pergunta feita por uma abadessa a Ruth Pfau, freira e médica especializada em hanseníase: "Você tem tempo de respeitar as horas canônicas? Quando é que você reza em meio a tanto trabalho?" Ruth Pfau respondeu: "Seria melhor perguntar quando eu *não* rezo". A espiritualidade de uma pessoa que tem relacionamento próximo com Deus a cada momento e que vê seu trabalho como oração, como serviço a Ele não depende da observância estrita das horas canônicas.

A oração põe o mundo em movimento

Lucas nos conta que a oração da assembleia provocou tremores: "Depois de rezarem, tremeu o lugar onde estavam reunidos, e todos ficaram cheios do Espírito Santo, anunciando corajosamente a Palavra de Deus" (At 4,31). Naquela época os discípulos estavam sendo perseguidos e, ao rezarem, perderam todo o medo que tinham dos poderosos. A oração lhes deu coragem e esperança de persistir diante de toda perseguição externa. E eles estavam certos; a oração teve efeito não só no coração dos discípulos, mas também abalou o local onde estavam reunidos; a terra tremeu, a atmosfera ao redor dos rezadores se transformou. De repente, todos puderam sentir o poder da oração.

Muitos cristãos acham que a oração é inútil. Quando fazem intercessão na Igreja experimentam isso como algo infrutífero, afirmando que o mundo não é determinado pelos cristãos que rezam. Lucas responde a isso com uma experiência diferente: nossa oração tem a capacidade de ocasionar um efeito. Muitas vezes não sabemos qual é esse efeito, mas deveríamos confiar nele. Não é raro percebermos a existência de uma atmosfera positiva e curadora em Igrejas nas quais se reza muito. Pessoas sensíveis experimentam nessas Igrejas a força curadora que ali se depositou. Elas consideram essas Igrejas como pontos de energia, como lugares nos quais se sentem acolhidas, protegidas e revigoradas. Quando rezamos juntos podemos confiar que a oração não fica presa condicionada às paredes da igreja, mas se propaga pelo mundo. Pesquisas científicas pretendem demonstrar que ela provoca determinado tipo de vibração, influenciando a atmosfera do mundo. Mesmo que não seja possível comprovar isso empiricamente, essas pesquisas nos encorajam a confiar na oração. Quando rezamos em conjunto, isso tem efeitos sobre o mundo inteiro, tornando-o mais receptivo e caloroso; geramos uma atmosfera que se propaga; o campo do pensamento e do sentimento humano é transformado. E isso vale ainda hoje: a oração causa tremores no mundo; gera uma vibração que transforma o mundo inteiro.

Para a física quântica os pensamentos influenciam a matéria. A "Teoria dos Campos", do biólogo Rupert Sheldrake afirma, por exemplo, que todos os pensamentos agem sobre um campo. Não importa a que tipo de explicação recorramos, mas a oração comunitária gera um campo que ultrapassa os limites das igrejas. Quando, em visita a uma cidade, passamos defronte a uma igreja, é possível imaginar que esse templo, no qual já se reza há muito tempo, exerce uma influência positiva sobre sua vizinhança. Um professor budista que estudou em Paris me disse que costuma se sentar dentro de uma igreja católica para sentir a energia que o lugar emana. Disse-me ainda que é possível sentir essa energia também no entorno. Tenho a certeza de que as igrejas nas quais se fazem muitas orações comunitárias podem transformar a atmosfera de uma cidade, mesmo que muitos que passam por elas não percebam.

A verdadeira tarefa dos discípulos de Jesus

Quando a Igreja começou a crescer e surgiram conflitos entre os helenistas e os hebreus, os apóstolos decidiram eleger diáconos, com a seguinte justificativa: "Nós continuaremos a nos dedicar à oração e ao ministério da Palavra" (At 6,4). Os apóstolos reconheceram como sua verdadeira função a oração e o ministério da Palavra. Ambos andam juntos, ou seja: só podemos servir à Palavra de Deus se tivermos experimentado na oração aquilo que Ele realmente pretende nos dizer; e só podemos proclamar a Palavra de Deus adequadamente se imergirmos no sentido mais profundo dessas palavras por meio da oração, que é o lugar da contemplação, onde nos calamos e nos abrimos ao Espírito de Deus. Ela é o lugar para ouvirmos a voz silenciosa de Deus. Juntamente com o empenho em prol de outros, a Igreja como um todo e o cristão em particular jamais deveriam se esquecer de fundamentar sua fé na oração. Para Lucas, ela é decisiva na vida do cristão, que não deveria se esgotar em trabalho externo, mas sempre se lembrar da essência, isto é: abrir-se na oração para o mistério de Deus e para o mistério da salvação por meio de Jesus Cristo. Não é unicamente a comunidade religiosa que encontra sua identidade mediante a oração; todo cristão só vivencia o mistério de sua existência cristã quando reza. Ser um discípulo de Jesus é, para Lucas, idêntico a rezar constantemente, abrir-se a Deus na oração, tornar-se um com Jesus Cristo por meio dela.

A oração feita comunitariamente na Igreja ou particularmente pelo cristão não é uma perda de tempo, como acreditam determinados ativistas políticos. A Igreja experimenta sua identidade na oração. Em meio a todo o seu empenho político e social, ela jamais deveria se esquecer da oração comunitária, por ser uma fonte de energia que lhe dá a força para cumprir suas tarefas sociais no mundo.

Louvor comunitário a Deus

Na prisão, Paulo e Silas não rezaram por sua libertação. Em vez disso, louvaram a Deus e cantaram hinos de louvor, "e os outros presos os escutavam. De repente houve um terremoto tão grande que até os fundamentos do cárcere ficaram abalados. Imediatamente se abriram todas as portas e se soltaram as correntes de todos" (At 16,25s.). Quando cantaram hinos de louvor, eles se esqueceram de sua situação perigosa na prisão, pois na época não havia garantia de se sair vivo dela. Ao louvarem a Deus eles não ficaram girando em torno de suas necessidades. Eles esqueceram de si mesmos e olharam para Deus, que é o Senhor, a Redenção e o Criador, também na prisão. O louvor deles também repercutiu nos demais presos, que gostavam de ouvi-los. Eles perceberam no louvor uma força que os consolava e lhes dava esperança, e a esperança foi cumprida: as amarras do medo se soltaram e as portas trancadas se abriram.

Aquele que entendeu que Deus é o Criador e que o homem é sua criatura não tem como não louvar a Deus. A tradição cristã acatou isso quando o Evangelho de Mateus acrescentou ao Pai-nosso um louvor: "Pois teu é o reino, a força e a glória eternamente. Amém". Mesmo que esse louvor não provenha de Jesus, mas tenha sido formulado a partir de 1Cr 29,10s., ele expressa algo essencial: nossa oração sempre deverá ser também um louvor a Deus; depois de todos os pedidos que fazemos a Deus, para que Ele nos salve em nossa necessidade e cure as nossas feridas, deveríamos encerrar nossa oração com um louvor a Deus. Quando o louvamos, antecipamos o cumprimento de nossos pedidos. Ao recitarmos a frase "Pois teu é o reino, a força e a glória eternamente", afirmamos que o Reino de Deus que invocamos já está aqui. Acreditamos que Ele impregna o mundo com sua força, sua *dynamis*, que por trás da aparente distância divina sua proximidade curadora já está agindo e que nas profundezas do cosmos sua energia está operando para penetrar este mundo cada vez mais com o seu Espírito. Quando rezamos contemplamos a glória de Deus que está presente na natureza, na beleza da arte e no rosto das pessoas. Ao louvarmos a Deus expressamos a confiança de que Ele já é Senhor deste mundo, que repousa em seus braços maternais e paternais, e que isso permanecerá assim por toda a eternidade. Por ora, no meio das pressões de nossa vida, a oração nos permite participar do cumprimento e da perfeição que nos espera no céu.

O louvor é um tipo de oração que todos nós podemos exercitar sozinhos, mas a força do louvor só é transbordante quando louvamos a Deus como Igreja. Recordo-me de como fiquei comovido quando umas dez mil pessoas, no final de um estudo bíblico com Hans-Jürgen Hufeisen, cantaram o hino "Grande Deus, nós te louvamos", e o local chegou a tremer. E daquele louvor partiu uma força que afetou tudo. Experimentamos aquilo que aconteceu na prisão de Filipos: os muros da prisão interior do medo começaram a tremer, as portas de pessoas endurecidas se abriram e elas entraram em contato com seu coração, com seu desejo de Deus, que nos liberta de toda necessidade.

Conclusão

Durante a Segunda Guerra Mundial, a poesia de Reinhold Schneider que começa com as palavras: "Apenas os rezadores conseguirão deter a espada sobre nossas cabeças" foi lida por muitos soldados no fronte de guerra, que se encontravam entre a vida e a morte. Essa poesia foi feita em 1936, e seu autor não confiava na política. No ano de 1951, Reinhold escreveu um pequeno livro intitulado "Os rezadores", no qual afirma que "jamais entenderemos como a história depende da graça antes de vermos pessoalmente as legiões de rezadores ocultos" (p. 5). Nessa obra ele ainda diz que "rezar e agir não podem ser separados. Como uma ação pode ser bem-sucedida sem oração? Como um fiel rezador pode não receber a força para a ação?" (p. 4).

Anos mais tarde, essa sua confiança na oração já não era a mesma. Em seu livro *Winter in Wien* (Inverno em Viena), ele luta com sua fé em vista das crueldades na natureza e da sua depressão.

Será que experienciamos o mesmo que Reinhold Schneider? Perdemos a confiança no poder da oração?

Não preferimos desenvolver argumentos racionais para demonstrar a ineficácia e a impossibilidade da oração? Mas, agindo assim, não violamos com todos esses argumentos a sabedoria da nossa alma?

Eu confio na sabedoria da alma, que se revela no fato de que todas as religiões conhecem a oração. Em todas elas o ser humano usa a oração para se dirigir a Deus, abre-se diante dele, louva-o e lhe agradece pela sua existência como criatura. O ser humano sempre rezou, e a oração nunca serviu apenas para acalmar seus nervos ou para fugir da própria impotência. A oração corresponde ao anseio mais profundo do ser humano de poder se dirigir a Deus em todas as situações da vida: na alegria e na tristeza, na felicidade e na necessidade. Podemos imaginar o que seria se compartilhássemos o que nos comove apenas conosco mesmos ou com determinadas pessoas, mas não com aquele que está acima de tudo, com aquele que criou ou permitiu tudo. Quando não temos ninguém para compartilhar o nosso ser mais profundo, nos sentimos sós neste mundo, que nos parece absurdo. Nesse caso, nada nos resta senão aceitá-lo, sem a possibilidade de expressar nossas lamentações, nossa esperança, nossas dúvidas, nossa confiança.

Por isso, desejei descrever algumas maneiras de como podemos rezar nos dias de hoje. Deveria ser uma pequena escola de oração, mas acabou sendo uma pequena introdução à vida espiritual, pois a oração afeta a vida inteira. Os discípulos de Jesus sabiam que seu Mestre podia lhes ensinar a rezar. – Ensinar e aprender andam de mãos dadas. Eles confiavam que poderiam aprender a rezar na escola de Jesus. É claro que eles já haviam rezado antes. Como judeus piedosos, conheciam os salmos; como judeus piedosos, rezavam todas as manhãs e todas as noites. Mas sentiram a necessidade de aprender com Jesus, pois seu jeito de rezar os fascinava. Eles haviam observado como o Mestre se retirava durante uma noite inteira para rezar ou como Ele rezava sozinho num lugar solitário, e queriam saber como poderiam rezar de forma semelhante. Jesus os instruiu por meio de palavras e parábolas, mas, sobretudo, Ele foi um exemplo com sua prática de oração. O Evangelista Lucas descreveu Jesus como grande rezador. Seu Evangelho e os Atos dos Apóstolos nos mostram caminhos de como a nossa existência cristã pode ser impregnada pelo Espírito de Jesus. Para Lucas, a oração é o caminho para se adequar cada vez mais ao Espírito de Jesus, para entender sua figura e se assemelhar a Ele, para se transformar em uma pessoa justa, igual a Jesus; em uma pessoa que faz uso da oração para orientar sua vida por Deus, e assim viver de uma maneira justa e correta. Para Lucas, a oração é o caminho para se ter uma vida semelhante à de Jesus Cristo.

A escola de oração que os discípulos de Jesus frequentaram levou São Bento a criar "uma escola para o serviço ao Senhor". Aquilo que ele escreve sobre essa escola a serviço do Senhor também é válido para a escola de oração. No início, o caminho nos parece estreito e pouco atraente. Mas para aquele que não desiste e continua seguindo o caminho da oração, "seu coração se abre, e ele segue em alegria inexprimível do amor o caminho dos mandamentos de Deus" (RB, Prólogo, p. 49). O caminho da oração não é uma escada que subimos degrau por degrau, mas um caminho que não sabemos até onde percorremos. Por isso, rezar é um exercício de um caminhar constante em direção a Deus. Nessa caminhada espiritual o coração se abre e nós experimentamos a oração como algo benéfico, como alegria interior do amor, ou, como São Bento o expressa em latim: *"inenarrabili dilectionis dulcedine"*, "em doçura indescritível do amor". Assim, a oração exala o doce aroma do amor. Mesmo quando apresentamos a nossa amargura na presença de Deus, existe a esperança de que a nossa oração passe a respirar cada vez mais o perfume do amor, da alegria, da vivacidade e da paz. É isso que eu lhe desejo, prezada leitora, prezado leitor; que você possa vivenciar algo dessa experiência que São Bento prometeu àquele que se matricula na escola de Jesus Cristo.

Referências

CLIMACUS, J. *Die Leiter zum Paradiese*. Regensburgo, 1874.

GRÜN, A. *Gebet als Begegnung* – Münsterschwarzacher Kleinschriften. Münsterschwarzach, 1990/2001.

_____. *Gebet und Selbsterkenntnis* – Münsterschwarzacher Kleinschriften. Münsterschwarzach, 1979.

GRÜN, A. & REEPEN, M. *Gebetsgebärden* – Münsterschwarzacher Kleinschriften. Münsterschwarzach, 1988/2002.

GUARDINI, R. *Vorschule des Betens*. Mainz, 1948.

HEININGER, B. *Metaphorik* – Erzählstruktur und szenisch-dramatische Gestaltung in den Sondergleichnissen bei Lukas. Münster, 1991.

JUNG, C.G. *Briefe*. Vol. 3. Olten, 1973.

JUNGCLAUSEN, E. *Suche Gott in dir*. Friburgo, 1987.

METZ, J.B. & RAHNER, K. *Ermutigung zum Gebet*. Friburgo, 1980.

PONTICUS, E. *Praktikos* – Über das Gebet. Münsterschwarzach, 1986 [Trad. John Eudes Bamberger e Guido Joos].

RAHNER, K. *Gebete des Lebens* – Hg. von Albert Raffelt. Friburgo, 1987.

SCHNEIDER, R. *Die Beter.* Friburgo, 1951.

STEINDL-RAST, D. *Die Musik der Stille* – Mit Gregorianischen Gesängen zu sich selbst finden. Munique, 1995.

WALTER, R. (org.). *Sich auf Gott verlassen* – Erfahrungen mit Gebeten. Friburgo, 1987.

CULTURAL

Administração – Antropologia – Biografias
Comunicação – Dinâmicas e Jogos
Ecologia e Meio Ambiente – Educação e Pedagogia
Filosofia – História – Letras e Literatura
Obras de referência – Política – Psicologia
Saúde e Nutrição – Serviço Social e Trabalho
Sociologia

CATEQUÉTICO PASTORAL

Catequese – Pastoral
Ensino religioso

REVISTAS

Concilium – Estudos Bíblicos
Grande Sinal – REB

TEOLÓGICO ESPIRITUAL

Biografias – Devocionários – Espiritualidade e Mística
Espiritualidade Mariana – Franciscanismo
Autoconhecimento – Liturgia – Obras de referência
Sagrada Escritura e Livros Apócrifos – Teologia

PRODUTOS SAZONAIS

Folhinha do Sagrado Coração de Jesus
Calendário de mesa do Sagrado Coração de Jesus
Agenda do Sagrado Coração de Jesus
Almanaque Santo Antônio – Agendinha
Diário Vozes – Meditações para o dia a dia
Encontro diário com Deus
Guia Litúrgico

VOZES NOBILIS

Uma linha editorial especial, com importantes autores, alto valor agregado e qualidade superior.

VOZES DE BOLSO

Obras clássicas de Ciências Humanas em formato de bolso.

CADASTRE-SE
www.vozes.com.br

EDITORA VOZES LTDA.
Rua Frei Luís, 100 – Centro – Cep 25689-900 – Petrópolis, RJ
Tel.: (24) 2233-9000 – Fax: (24) 2231-4676 – E-mail: vendas@vozes.com.br

UNIDADES NO BRASIL: Belo Horizonte, MG – Brasília, DF – Campinas, SP – Cuiabá, MT
Curitiba, PR – Fortaleza, CE – Goiânia, GO – Juiz de Fora, MG
Manaus, AM – Petrópolis, RJ – Porto Alegre, RS – Recife, PE – Rio de Janeiro, RJ
Salvador, BA – São Paulo, SP